繁盛飲食店だけがやっているあなたの店を女性客でいっぱいにする「色彩」のしかけ

餐饮营销5
让餐饮店坐满女顾客的
色彩营销

[日] 池田早苗 著

王蕾 译

U0740159

人民东方出版传媒
People's Oriental Publishing & Media
东方出版社
The Oriental Press

图字：01-2019-5388 号

HANJO INSHOKUTEN DAKE GA YATTEIRU ANATA NO MISE WO JOSEIKYAKU DE IPPAI NI SURU "SHIKISAI" NO SHIKAKE by Sanae Ikeda

Copyright © Sanae Ikeda 2013

All rights reserved.

Original Japanese edition published by Dobunkan Shuppan Co., Ltd.

This Simplified Chinese language edition published by arrangement with Dobunkan Shuppan Co., Ltd., Tokyo in care of Tuttle-Mori Agency, Inc., Tokyo through Hanhe International (HK) Co., Ltd.

中文简体字版专有权属东方出版社

图书在版编目（CIP）数据

餐饮营销.5，让餐饮店坐满女顾客的色彩营销／（日）池田早苗 著；王蕾 译.—北京：东方出版社，2019.11

（服务的细节；094）

ISBN 978-7-5207-1263-7

Ⅰ.①餐… Ⅱ.①池… ②王… Ⅲ.①饮食业—市场营销学 Ⅳ.①F719.3

中国版本图书馆 CIP 数据核字（2019）第 243255 号

服务的细节 094：餐饮营销 5：让餐饮店坐满女顾客的色彩营销

（FUWU DE XIJIE 094：CANYIN YINGXIAO 5：RANG CANYINDIAN ZUOMAN NÜGUKE DE SECAI YINGXIAO）

作　　者：〔日〕池田早苗

译　　者：王　蕾

责任编辑：崔雁行　高琛倩

出　　版：东方出版社

发　　行：人民东方出版传媒有限公司

地　　址：北京市朝阳区西坝河北里 51 号

邮　　编：100028

印　　刷：北京文昌阁彩色印刷有限责任公司

版　　次：2019 年 12 月第 1 版

印　　次：2019 年 12 月第 1 次印刷

开　　本：880 毫米×1230 毫米　1/32

印　　张：6.5

字　　数：118 千字

书　　号：ISBN 978-7-5207-1263-7

定　　价：68.00 元

发行电话：(010) 85924663　85924644　85924641

版权所有，违者必究

如有印装质量问题，我社负责调换，请拨打电话：(010) 85924602　85924603

前言

大家好。我是池田早苗。

目前，我在大阪经营一家色彩搭配培训机构。作为色彩营销战略领域的专家，我们在开展面向个人的色彩分析师（色彩顾问）培训讲座、个性化色彩诊断等业务的同时，也为餐饮店、酒吧、医疗机构等企业提供色彩搭配服务，通过色彩设计提高企业的营业额。

这次，我面向餐饮行业创作本书的动机在于，父母开的烤肉店经营状况持续恶化而濒临倒闭时，我发现色彩的活用在店铺成功复苏的过程中发挥了巨大作用。

7年前，我父母经营的烤肉店面临随时可能倒闭的危机。一整天只有一位顾客光临，一天的营业额仅为3000日元的窘况频繁出现。

当时，面对辛苦经营店铺的母亲，我还总是责备道："亏损经营的店还是关了吧。""为什么不在出现严重亏损之前想想办法呢？"轻易地说出了一些不负责任的话。

"要关店的话，还不如让我去死！"听到母亲喃喃自语时，我感到内心一阵刺痛。

1

母亲的话一直在我脑海中盘旋，我不禁产生了"想要为她做点什么"，不，是"必须为她做点什么"的冲动。就在我为自己究竟能否帮上忙而苦恼时，突然想到了一件事。

在色彩培训班学习的过程中，我逐渐找到了适合自己的颜色，选择这些颜色的服装，人生也随之发生了很大的改变。过去完全不受欢迎的自己开始得到异性的关注，找工作时也顺利通过了面试，价格便宜的衣服看起来也洋溢着高级感。

只是改变了穿着的颜色，我却仿佛换了一个人，得到了大家意想不到的赞美和认同。

从这次经历来看，若是老家的店铺能充分运用色彩，说不定能让店面起死回生，重新招徕到顾客。无论是人还是店铺都离不开形态外观，色彩所能起到的作用应该是相通的。

"我想把店重新改造一下，能不能放心交给我？"在征求母亲的同意时，她回答："死马当成活马医，只要还有希望尽管去尝试。"于是我心念一转，干脆关掉了原来的烤肉店，改造成牛肠火锅店后重新开张。

为了重整旗鼓，新店正式开启色彩战略，在招牌设计、店内装修、菜单书页、菜品、员工制服、店铺名片、洗手间等所有环节上均注重色彩搭配。

从结果来看，正如我因色彩而愈发自信、人生发生极大的改变一样，新店也扭亏为盈，长期保持盈利状态。现在，光临新店的顾客络绎不绝，周末甚至一席难求，还有不少从其他府县远道而来的顾客。新店不断成长壮大，目前已成功开设了一家分店。以至于母亲常常感慨道："都是托颜色的福，颜色就是我们的幸运之神啊！"她也切身体会到了色彩的重要性。

选择本书的各位读者都希望增加店铺的顾客数量、提高营业收入吧。如果将顾客稀少的理由简单归结为经济不景气，是十分片面的。在经济低迷的大环境下，将生意做得有声有色的店铺并不少见。经济越是不景气，顾客在选择店铺时越显得慎重。生意兴隆的店铺往往是在顾客心目中留下了深刻印象、具有吸引力的店铺。

那么，"给顾客留下深刻印象"的含义究竟是什么呢？这需要我们共同思考。

首先，请您在脑海中回想一下曾经见过的美景或尝过的美食（还想再吃一次的料理）。您会想起什么样的料理呢？

接下来，请您回忆一下旅途中觉得不太满意的风景或味道欠佳的料理（再也不想吃第二次的料理）。

哪一种会立即浮现在您的脑海中呢？

我想，肯定都是第一种让您印象更加深刻吧。而且，回忆这些美景或美食时，我们甚至能产生鲜明的画面感。

　　对于让自己感动的事物，我们通常会有清晰的印象，深刻地保存在记忆中。因此，希望各位读者不要以自己没有色彩品味或缺乏色彩知识为借口而轻易放弃。

　　自然风光或街景给我们提供了大量的配色素材。让我们赏心悦目的风景或自己喜爱的事物会一直深刻地留在记忆中。我们可以尝试在店铺造型或菜单设计上融入这些元素。

　　本书旨在教会各位读者灵活运用色彩，掌握配色方法，将记忆中高雅或美丽的色彩进行充分利用，博得女性顾客的青睐。打造人气餐厅的关键在于吸引更多的女性顾客，使其成为本店的常客。在阅读本书的过程中，相信各位读者也会逐渐加深对这一点的认识。

　　我由衷地希望本书能为您和您的店铺增光添彩，促进店铺的繁荣发展。

目录

I

第 1 章

最吸引女性顾客的
店铺配色

01 ꗇ 吸引女性顾客
打造人气店铺

人可依靠视觉识别的色彩数量约有 1000 万种。

男女在色彩识别能力上有所差异，男性可识别的色彩约为 750 万 ~ 1000 万种，而女性可识别的色彩约为 1000 万 ~ 1200 万种。女性可识别的色彩数量远在男性之上。这意味着女性富于感性，容易受到色彩的影响。

因此，餐饮店要招徕女性顾客，必须灵活运用色彩，牢牢抓住女性顾客的心。

色彩既能让人食欲大开，也能让人胃口全无。 即使在菜品上十分讲究，若店铺的外观或内部装饰的颜色过于暗淡，给顾客留下不好的印象，顾客往往会得出"这家店不好吃"的结论。

色彩先于语言传达印象，引发具体事物的联想。

例如，对于 2 个并列设置的水龙头，红色让人联想到热水，蓝色则让人联想到冷水。另外，正如洗手间指示牌一般用黑色代表男性、红色代表女性那样，我们在无意识中已经记住了色彩的特性和印象，接受着色彩传递的信息。

穿红色或橙色衣服让人看起来更活泼，浅粉色服装给人带来温柔的印象，即使是同一个人，穿不同颜色的服装时给人的感觉也大相径庭。不同的颜色可让人产生美丽、可爱、帅气等不同的感受和判断。

色彩信息在不知不觉中影响着我们的生活，在许多方面发挥着重要作用。我们需要将这些灵活应用到店铺中。

因此，若想增加女性顾客的数量，我们必须大量收集对店铺有利的信息，例如前往女性顾客云集的店铺实地查看，研究大受女性欢迎的烹饪书籍，作为菜单制作或菜品盛盘的参考，或从室内装修杂志中挑选女性喜爱的家具、小摆件等。

此类信息几乎包含了所有色彩，我们可以从中把握女性喜爱的店铺形象或氛围的色彩倾向。这种氛围和感受需要读者亲自去体验。

尝试学习色彩相关知识时，我们可能会觉得难度很大。那么，在前往人气店铺实地进行查看，或从杂志中找到值得参考的照片时，**若发现了适合自己店铺氛围的料理或店内装饰，不妨加以模仿，这是我们学习色彩知识的第一步。**

看起来美味诱人的料理或时尚高雅的店内装修往往都离不开相得益彰的色彩。我们需要将这些配色灵活地运用到自己的店铺中。

色彩的学习或许无法产生立竿见影的效果，但在这个过程中，我们的品位将不断得到打磨，变得更加自信，女性顾客一定会慢慢增加。让我们积极地认识色彩，享受色彩带来的乐趣吧。

对于参加"利用配色提高销售额"讲座的学员，我一定会告诉他们：**"使用色彩的目的在于让顾客满意。"**

换言之，色彩也代表了我们对顾客的体贴与关怀。我们必须时刻谨记这一点，将其作为今后运用色彩的重要依据。

02 增加女性顾客
能带来许多益处

在思考色彩的使用方法之前，我想先向大家介绍餐饮店内增加女性顾客的多种益处。日式餐厅、西餐厅、咖啡馆等，无论经营哪种类型的店铺，女性顾客的增加都能带来显而易见的好处。请各位读者务必对照本店的顾客群，一边在脑海中描绘，一边阅读本节的内容。

女性经常奖励自己

即使在丈夫的零花钱上十分严苛的家庭主妇，也不会吝于与朋友享受一顿豪华午餐，类似的例子常有耳闻。据说这是家庭主妇们对辛苦做家务、育儿或工作的自我奖赏。

单身女性对自己的奖励也屡见不鲜，比如在完成一项艰巨的任务之后，购买名牌商品作为自己努力工作的奖励，或前往比平时略显高档的餐厅享受一顿美食，又或者在平时经常光顾的店铺选择更加精致的料理。

即便平时十分节俭，但在奖励自己时女性通常表现得极为

大方。为奖励自己而花钱时往往毫不手软。

根据以白领女性为主要受众的报刊《都市生活》(http://www.sankeiliving.co.jp/research/ol/064.html#q1)的调查显示,女性在日常午餐上花费的合理金额平均为 958 日元,上限金额为2642 日元。

不过,对于自我奖励等特殊时期的午餐,女性消费的金额通常超过此上限。了解女性的行为模式之后,我们可以通过设置自我奖励套餐或更高档次的特别菜品等方式,在提高店铺客单价上多花心思。

女性喜欢多人共同用餐

近年来,崇尚独来独往的人虽然有增加的趋势,但与男性相比,不愿意独自外出就餐的女性数量应该更多。

对于男性顾客较多的拉面店、牛肉盖饭店、居酒屋等店铺,女性需要克服强烈的抵触心理独自进店就餐。这是由于大部分女性都相当在意周围人的看法,担心自己在旁人眼中是一副孤单寂寞的模样。

另外,**对女性而言,共同用餐还发挥着加深沟通交流的重要作用。**女性期待在用餐过程中享受朋友之间的对话,在特别

女性会频繁进行自我奖励或特殊纪念

平时

¥~~780~~ ¥680

"选哪个好呢……
算了，还是选便宜的吧"

生活节俭的女性在选择日常午餐时，连 100 日元都舍不得花……

自我奖励

豪华大餐

名牌包或鞋

而在慰劳自己或特别的日子里，女性会选择价格昂贵的食物和商品，表现得十分豪爽。
而且女性总能轻易找到自我奖励或特殊纪念的理由。

的空间内，相互倾诉，分享内心的想法。

因此，**女性顾客通常会与朋友一起进店**。这就意味着，女性顾客的增加可以使店铺的顾客总人数随之增加，大幅度提高每组客单价。

而且，若得到女性顾客的青睐，不仅到店的顾客数量会大量增加，店铺的好评率也会随之上涨。如此一来，潜在顾客（待发掘顾客）也有可能增多。

女性顾客的增加能带来更多的男性顾客

男性顾客邀请女性共同进餐时，一般会搜索女性喜爱的店铺作为候选。事实上，我还在公司就职时，跟上司一起去的店铺大多是深受贵妇名媛欢迎的店铺。

店铺整体洋溢着高级感，给人清新整洁的印象，料理也颇为美味。**男性通常根据女性的喜好或需求选择店铺**。也就是说，若本店的女性粉丝增加，了解情况的男性顾客选择本店的概率也会提高。

女性对培育事物很感兴趣

女性非常注重情感联系，对于自己喜爱的事物，往往愿意倾注深厚的感情。

尤其是对于尚未广为人知的事物，这种情感表现得更加强烈，女性会产生"只有我知道""只属于我的心仪之物"的特殊情感。

例如，找到一种美味点心时，女性会强调"这是我特别喜欢的点心"并赠予友人，对某家店铺的员工印象较好时，即使附近的店铺也有同样的商品销售，女性顾客也会特意前往这名员工所在的店铺购买，为其捧场。

另外，若对店铺的外观或室内装修感到满意，女性顾客通常会萌发"好想带朋友一起去"的想法，并积极向朋友介绍："这是我特别喜欢的店子。"

对于自己倾注了感情的店铺，女性顾客会将其认定为"自己喜爱的店铺""特别的店铺"，并以培育心爱事物的心态向周围广为宣传。

女性顾客聚集能为店铺增光添彩，保持店内清洁

女性顾客在店内聚集时，各式服装、手包、鞋的颜色能给人明亮华丽的印象。这些点缀所起到的效果其实超乎想象。**仅凭增加女性顾客这一条，就能点亮店铺的整体形象，营造明快欢乐的氛围。**并且，女性更倾向于选择女性顾客较多的店铺。

另外，女性多接触日常家务，用餐完毕后顺手整理餐盘，注意桌面清洁，主动帮助维持店铺卫生的顾客不在少数。这意味着，女性顾客较多时，往往更易于店铺保持整洁。而店铺能在清扫方面节约时间。

女性会为店铺不断积累口碑

女性非常喜欢与家人或朋友聚餐，告知对方自己近来的生活状况，倾诉内心的烦恼苦闷，甚至向他们发牢骚、吐苦水。

女性谈论的话题涵盖使用体验较好的商品、便宜实惠的店铺、美味可口的餐厅等，各类信息源源不断。女性之间口口相传能产生巨大的宣传效果。

通过自身实际体验或尝试所获得的信息，格外具有说服力。女性的语言表达能力十分丰富，在交谈过程中，能激发对方产生立刻试用或试吃的冲动。

而且，**其他人提供的"推荐信息"又能成为自己新的谈资**，店铺口碑相关的话题出现的场合之多其实超乎想象。

这种宣传效果和口碑效应是吸引顾客的关键，我将在下一节进行详细说明。口碑效应可以看作增加女性顾客所能获得的最大益处。

女性的口碑宣传始终保持鲜明

女性能将视觉残留的信息一直鲜明地保存在记忆中。

举例而言，即使是 1 年前，甚至 3 年前去过的店铺，女性也能生动地描述出店铺的样子，仿佛就在昨日。

"餐盘很大，里面盛放着许多种前菜，颜色搭配得特别好看。"

"木制走廊光洁如镜，一尘不染。"

"店员非常帅气，大家都热情高涨。"

就算记不清具体菜单或店铺名称，女性对餐具、盛盘的食材、店铺的氛围或员工也能记忆犹新。

听到女性栩栩如生的描述，即便是 1 年前，甚至 3 年前的信息，听的一方也能获得新鲜感。女性的口碑宣传能为对方带来相当大的可信度和说服力。

各位读者认为如何呢？从以上理由来看，若大量增加女性顾客，那么这些女性顾客可谓是提高店铺营业额的关键。

03 女性的口碑能立刻打动对方的心

口碑是增加店铺营业额的重要因素，我们需要对此进行深入思考。

特别需要强调的是，"口碑"指的是人与人之间口口相传的议论或点评。**好口碑不仅能为店铺节省宣传费，还能打动潜在顾客，吸引更多的顾客光临，具有性价比极高的促销宣传效果。**

HERSTORY 株式会社主要从事以女性为中心的市场营销业务，根据其口碑相关调查（http://www.herstory.co.jp/press/research/200901/kuchikomi-effect.html），在回答"经常通过口碑获得信息"的顾客中，男性仅占 35%，女性则多达 54.8%。

另外，在受访者中，男性每 6~7 人中仅有 1 人回答"利用口碑传播过信息"，而约 3 名女性中就有 1 人进行口碑传播。从比例上看，可以认为女性的口碑传播人数是男性的 2 倍以上。

根据这项调查结果，我们可以得出以下结论：**口碑传播的信息源主要是女性，竖起探测天线主动接收口碑信息的也以女性居多。**

那家餐厅的○○
超级好吃

口碑传播
的范围会
越来越广……

我曾为一家意大利酒吧进行过口碑宣传。

这家酒吧的料理和氛围都相当不错，我进店时店内一如既往地人头攒动。主厨虽然十分忙碌，但依然耐心地向我介绍本店的料理，当我在菜单间犹豫不决时，主厨细心地给予推荐，为顾客提供无微不至的关怀。在我离店时，主厨还一直送我至店外。

我被这名主厨周到细致的服务打动，忍不住向朋友推荐了这家店。之后，我听说好几位朋友都前去品尝，成为该店的常客。

现在，通过博客、SNS等方式，对于让自己印象深刻的店铺，人们可以随时发布感想或评价。

正因为如此，博得女性顾客的青睐，能起到巨大的宣传效果。

与巨额的广告宣传费用相比，女性的口碑宣传可以被看作是极具可信度的免费促销。

值得一提的是，女性给出的差评也具有同样效果。针对店铺的反面评价会大范围扩散，且传播速度之快往往出乎意料，需要格外注意。

因此，为了让我们的店铺里坐满女性顾客，就必须发挥女性的口碑宣传作用。不过，要利用口碑宣传使顾客即刻心动，达到好的促销效果，还需要一些技巧。

女性不擅长运用概念或理论对事物进行说明，**更倾向于在交谈或说明时，按照内心的感受和印象进行描述。**

例如，买到自己喜欢的衣服或包时，女性一般不会使用"我找到一件人造纤维材质的连衣裙""我买了一个用 NASA 开发的轻量化材料制作的包，能装 A4 大小的东西"等方式表达，而会说"我找到一件特别好看的连衣裙，带粉色蕾丝，质感很好。穿上去感觉自己像公主"，"我买了一个○○牌的米色新款包包，样式很帅气。感觉出差的时候也能用，真是一举两得"。

另外，据说问路时能简洁明了地告知对方路线的女性并不多。

"笔直往前走，应该是在第 1 个路口往左拐吧？不对，好像是第 2 个路口吧？"向女性问路时，可能会得到这种模棱两可的回答。

不过，若女性记忆中留有视觉信息，便能进行更详细的说明："笔直往前走，就能看见一家摆放了蓝色长凳的店铺，过了这家店朝左拐，就能看见一所装有红色大门的房子……"

女性通常更擅长描述记忆中留有深刻印象的色彩。

因此，对于店铺而言，**利用女性记忆中保留的色彩**尤为重要。

我们应该认识到，女性能否对服务的品质、料理的味道、盛盘、店铺的氛围等留下深刻印象，色彩的影响其实很大。

色彩作为视觉采集的信息，易于保留在女性的记忆中。若我们能利用色彩加深女性顾客对店铺的印象，赢得女性顾客的口碑，相信一定能让店铺顾客盈门。

04 ⬦ 女性根据外观和
　　 氛围选择店铺

　　首先，我们需要思考女性顾客在选择餐厅时的决定性因素。说起来，男性与女性选择店铺的方式截然不同。

　　男性前往餐厅时纯粹出于"就餐"的目的。大多数男性会根据自己想吃的料理或以填满肚子为目标而选择餐厅。

　　而对女性来说，就餐行为不单单是为了充饥，更是享受与同行之人交流的重要时光，还能在感受店铺氛围或审美过程中提高自身的积极性。女性偶尔还会利用就餐行为来放松解压、调节心情，为第二天注入活力。

　　另外，在与恋人约会、庆祝纪念日、奖励自己、提高女性魅力等情况下，就餐行为会被赋予特殊的意义，女性享受这种非日常时光的机会也很多。

　　因此，对女性来说，店铺的氛围、品位也是影响选择的重要条件。在某些情况下，这些条件甚至会超过料理本身，成为女性选择店铺的决定性因素。

　　以前，有个朋友向我发出过如下邀请。

"早苗，我发现了一家特别有品位的店，跟巴黎的咖啡馆一样。下次要不要一起去看看？墙壁是清新的象牙白，家具统一使用自然原木色，桌布是红白相间的小方格纹，特别温馨可爱。墙上装饰了各种各样的小壁画，餐具的颜色也丰富多彩，真的相当讲究！我觉得你肯定会喜欢的。当然，料理也做得很精致，非常好吃！"

听了朋友的推荐，我立即产生了去店里看看的念头。

通过观察自己和身边的女性朋友，我发现女性在选择店铺时，往往先从具有吸引力的外观开始考虑，其次是店铺整体环境、品位和氛围，再次是对店主或员工的印象，最后才关注料理的味道。

举例来说，若店铺招牌上标有"快捷、实惠、美味"等字眼，那么这家店对于大多数男性而言都颇具吸引力。

然而，被"快捷、实惠、美味"吸引而选择店铺的女性可谓少之又少。因为在女性眼中，此类字眼常常会让人产生"这家店肯定不干净""店内环境或许不太讲究""用的原材料估计品质较差""餐具应该很俗气吧""服务态度一般"等负面联想。

比起便宜美味等因素，店铺更应该具备时尚、有品位、符合女性喜好等**"外观"上的吸引力**。

另外，女性喜欢学习尝试新鲜事物。

参加资格考试，发展自身兴趣，提高素养，参加各类技艺或文化培训的学员均以女性居多。我所经营的个性化色彩培训班的学员中，女性约占 8 成。

部分读者可能认为"女性比男性拥有更多的自由时间，所以才能参加各类培训班"，这种观点是极为片面的。女性在磨练和完善自我方面从不吝惜时间或金钱，她们对于生活有各种各样的追求和期望，例如想学习更多的知识、寻找更多的乐趣、变得更加美丽、与优秀的异性邂逅等。

因此，女性倾向于选择更有品位、更时尚的店铺，不仅为了享受美食，还想要模仿餐桌搭配，参考店铺所选餐具和料理的盛盘方法，学习餐厅内部装修的品位等。在就餐的过程中提高审美也是女性产生收获感的要点之一。

女性其实具有被优质外观或氛围吸引的特质。

05 店铺拥有形象色彩时更容易被顾客牢记

以前和同事们一起去过的一家中餐馆让我印象很深刻。我们当时在步行街上寻找合适的餐厅吃午饭，目光忽然被一扇红色的大门吸引，大家不知不觉走进店内。进店后，我们着实大吃一惊，除了红色店门外，这家店的墙壁、天花板和地板也都是红色的。

不仅如此，就坐后我们发现，擦手巾、杯垫、菜单书册无一例外均为红色。更让人惊讶的是，店内的洗手间也被装饰成红色，连马桶都是红色的。

后来，我听说这家店还因"店内全部被设计为红色"而登上了杂志的特色餐厅推荐。

为何这家店对红色情有独钟呢？经过仔细观察，我注意到店内四处点缀着红辣椒，菜单上也大量使用了红辣椒元素。

很遗憾我不记得这家店的名字，朋友之间交谈时都称其为"红色餐厅"。

"这次咱们去哪儿吃？""那家红色餐厅怎么样？"日常对话中，"红色餐厅"已经成为我们的固定用语。而且，提起"红色餐厅"相关话题时，即使不熟悉的朋友也会表现出浓厚的兴趣。

如各位读者所见，这家中餐馆采用了让人联想到辣椒的红色作为形象色彩。

这个例子或许有些极端，但若使用形象色彩来突显店铺的特色或特征，则更容易印刻在顾客的记忆中，便于顾客回想。

因此，我们**首先需要确定店铺的形象色彩，并加深顾客的记忆。**

定下形象色彩后，可以将其灵活应用在店铺招牌、传单、员工制服等方面，确保配色合理得当。

另外，采用形象色彩，能增强店铺的统一协调感，对于擅长依靠整体形象记忆事物的女性而言，更能加深她们对店铺的印象。若色彩过多、过于分散，则缺乏整体协调感，很难被女性顾客记住，使用形象色彩便可实现差异化，与其他店铺区分开来。

不过，在确定店铺的形象色彩时，必须小心谨慎。

我们要在明确店铺的主题后，**选择与主题相得益彰的色彩。**

上文提到的"红色餐厅"由于使用辣椒作为主要食材，因此选择食材相应的红色作为形象色彩，此外还可以列举店铺的目标顾客、价格、历史等要素，据此联想合适的形象色彩。

定下形象色彩后，若顾客问起为何选用此种颜色，我们可以迅速告知其原因。店铺的官方主页上也可刊登形象色彩的主题等内容，强调店铺的特色，激发顾客进店尝试的冲动。

在决定店铺的形象色彩时，若征求员工的意见，可加深员工对店铺的感情，让他们主动对外宣传。形象色彩的选择方法将在第 2 章第 2 节进行详细说明。

06 ❖ 让女性顾客发出
"哇！好厉害" 的惊叹

高中时代我经常去一家杂样煎饼店。第一次进店的契机其实是朋友的邀请。

"早苗，我发现一家杂样煎饼店，蛋包饭做得超级好吃。下次一起去吧！"

明明是做杂样煎饼的店铺，为何出名的反而是蛋包饭呢？我觉得很不可思议，于是向朋友询问究竟，朋友略带兴奋地描述道：

"这家店的蛋包饭里面加了生蛋黄。用勺子舀起饭粒时，蛋液会慢慢渗出，口感真的特别棒！"

听完朋友的介绍，我的脑海中瞬间浮现出蛋黄金灿灿的、让人垂涎欲滴的色彩，便立刻让朋友带我进店。

这家蛋包饭表面上看起来与一般的蛋包饭并无二致，均选择用蛋皮包裹鸡肉炒饭的形式。

然而，用勺子舀起米饭的一瞬间，金黄色的蛋液从米粒间缓缓流出，我忍不住发出了"哇！好厉害"的感叹，当时的惊喜之情至今仍然记得。

当然，之后我也和朋友一样，激动地将这家店的蛋包饭向家人和其他朋友推荐。

虽然已经过去了20多年，但每次谈到蛋包饭的话题时，最先浮现在我脑海中的始终是这家店。

前不久，我偶然发现，关西当地的电视节目还对这家店的蛋包饭进行了采访。

正如当年的我一样，演播厅里的女嘉宾们无一例外地发出了"哇！看起来超好吃！好想去尝尝看"的惊呼声。

我再次深切地感受到，**女性容易被意外性或惊喜吸引，从而产生进店或试吃的冲动。**

虽然这个比喻稍显夸张，但女性在惊喜面前萌发的雀跃、激动的心情，其实与从玩具箱中发现宝藏时的感受十分相似。

考虑到这一点，我们要博得女性的欢心，就必须投入更多的想法，花费更多的心思。总之，要用"有趣好玩"的元素来取悦女性顾客。我们必须在料理或店内布置等方面有意识地融入这些元素。

对于店铺的内部装饰，我也曾发出"哇！呀！好厉害"的惊叹。那是一家我十分喜爱的法式咖啡厅。

这家咖啡厅的1楼和2楼均以棕褐色为基调，整体营造出稳重端庄的氛围，3楼则给人截然不同的印象。3楼的墙壁为象牙色，布置了浅紫色沙发，墙上装饰了若干精致的绘画。正是大受女性欢迎的法式浪漫风。

踏入 3 楼的一瞬间，我不由得惊叹出声："哇！好厉害！简直太可爱了！"

而让我产生感叹的原因主要在于**反差**。

原本以为所有的店内装饰都由庄重的棕褐色基调构成，结果 3 楼竟然单独营造出一个典雅浪漫的空间，着实让人感到意外。

从这两个例子中，我们可以提炼出**"哇！好厉害"**等女性惊叹词。

其实，让女性顾客发出这些感叹，是让我们的店铺大量吸引女性顾客的第一步。

要打造高人气店铺，必须精心使用让女性感到惊讶、欣喜、印象深刻的色彩设计。具体方法将从第 2 章开始介绍。

第 2 章

运用色彩的力量
增加女性顾客

01 缩小目标顾客就是创造店铺粉丝

您认为"受欢迎的店铺"是指什么样的店铺呢？

我想各位读者应该会产生各方面的联想，例如店内环境清新整洁、料理美味、价格低廉、服务态度好等……

这些"受欢迎的店铺"有一个共同点，那便是店铺设定的**"目标顾客"十分明确**，且**目标顾客实际上有进店的意愿**。二者一致时，成为高人气店铺的可能性很大。店铺会形成固定的粉丝顾客群体。

我们必须缩小自身店铺的目标顾客，明确想要吸引的顾客，这一点尤为重要。缩小目标顾客的范畴时，我们应该尽可能地具体化思考。

例如，20 多岁食欲旺盛的单身工薪族、30 多岁喜爱美食的白领女性、40 多岁想在下班后小酌一杯的已婚工薪族、正在寻找适合招待客户的店铺且喜爱红酒的职业女性等。

若逐步对目标顾客进行具象化，在制作店铺菜单时，想要吸引的目标顾客群体也将逐渐明晰，我们制作的菜单也就更能满足目标顾客的喜好或期望。

若不对目标顾客的范围进行集中，泛泛地将不特定顾客作为招揽对象，我们就不得不准备大量的菜单供顾客选择，所需成本也随之上涨，菜品滞销时食材将被白白浪费，陷入恶性循环中。除大型连锁店外，普通店铺难以承担这种风险，容易出现赤字危机。

想吸引哪一类顾客进店用餐，希望每位顾客在就餐上至少花费多少金额，牢牢抓住目标顾客的本店"招牌菜"是什么，只要弄清楚这些问题，我们的店铺自然不愁吸引不到目标顾客。

目标顾客的设定首先要从确定性别开始。受男性欢迎的菜单与女性喜爱的菜单完全不同。

其次，按照20岁、30岁、40岁、50岁等年龄层进行划分。单身、已婚、是否生育等对消费需求的影响也很大。

普通职员还是管理者、家庭主妇还是大学生，针对不同群体，我们需要提供的菜单或服务也各不相同。

另外，想要吸引独来独往、随意性大的顾客，还是吸引多人共同就餐的团体性顾客，这决定了料理、价格及服务等方面的区别。

明确目标顾客究竟有多重要，我有过切身体会。

20年前，我母亲在老家开了一家和牛烤肉店。刚开张时生意很火爆，哪怕是工作日店外也会排起长队。然而，经营四、五年之后，顾客开始逐渐减少。

当时，附近新开了一家大型连锁烤肉自助餐厅。母亲抱怨道："都怪这家新开的烤肉店，把咱们家的顾客都抢走了。"母亲虽是店主，却没有从自身的角度出发寻找原因。

"既然这家餐厅生意这么好，不如咱们去看看到底是哪里不一样吧。"即便向母亲提建议，母亲也只说："看了也不知道啊。算了，咱们店只欢迎懂得咱家美味的顾客"，而变得越来越固执。

无奈之下，我只好独自前去查探。说实话，不管是原材料的品质还是调味，母亲的店铺都更胜一筹，价格算起来甚至比这家餐厅更便宜。当时，我还是没能搞清楚顾客数量减少的原因。

另一方面，由于光顾自家店铺的顾客越来越少，为了抓住难得到店的顾客，我们开始出现服务过度的情况。"怎么没放鱿鱼或扇贝？○○烤肉店就免费提供了啊"，当偶尔进店的顾客提出要求时，母亲会立即顺从顾客的意愿，专门采购了海鲜等食材，即使这些顾客未必会来第二次。

不仅如此，对于烤肉的口味，既有顾客说好吃，也有顾客给出了负面评价，表示"太辣了""太清淡了"等等。

每当收到这些负面反馈时，母亲都会根据顾客的期望对料理的口味进行调整，而顾客的要求也随之不断升级。在这个过程中，母亲逐渐丧失自信，对美味与否、辣昧等口味的判断变得犹豫不决。

一些上了年纪的男性顾客对口味的要求尤其苛刻，如今想来，对于烤肉店来说，50多岁或60多岁的男性顾客所能增加的营业额实在是杯水车薪。

目标顾客还是要以食欲旺盛的年轻男性顾客及其家庭，或20多岁的公司男职员为主，若当时能针对这些群体设计菜单、制定价格，提供让顾客满意的料理或服务，那么或许还能成为深受欢迎的人气烤肉店。

然而遗憾的是，当我发现这一点时，为时已晚。一直以来，正因为没有明确目标顾客，自家店铺才陷入不知如何改善的状况。这次经历最终成为我利用色彩改善店铺经营的契机。

02 ◆ 吸引目标顾客
的配色秘诀

　　各位读者稍加思索即可发现，廉价超市使用的色彩与高端超市所用的色彩有很大区别。

　　廉价超市大多会在招牌、门店外观上使用大量红、橙、黄等鲜艳醒目的色彩，给人留下喧闹繁华、进出随意的印象。而高端超市一般使用黑、胭脂红、棕褐等浓郁厚重的色彩，给人留下商品品质上佳的印象。通过店铺外观所营造的氛围，对商品价格进行预判，根据商品品质、预算和购买意愿进行购物的顾客占大多数。

　　我们能利用色彩判断商品价格的高低，主要是以**过去的记忆或经验**为依据，红、橙、黄等华丽鲜艳的颜色大多给人亲切随性的印象，而黑色等庄重浓厚的色彩在多数情况下传递出高级感。其中虽然存在个体差异，但**由色彩联想到的印象或情感往往是共通的。**

　　因此，若我们的店铺也能灵活地使用色彩，便可准确地向顾客传达店铺的定位和形象，起到极大的宣传效果。

我们要综合考虑自己的店铺所提供的料理、使用的食材、价格区间等因素，在亮色系和暗色系中选择更适合店铺的色彩。

即便料理价格低廉，若使用深沉厚重的色彩进行宣传，可能会被顾客误认为价格不菲。

反之，若料理价格较高，却使用鲜艳华丽的亮色系色彩，那么顾客可能很难注意到所供料理的价值，"价格昂贵"的印象反而会先入为主，店铺整体的评价也因此降低。

料理给人的感觉其实很难把握，一旦视觉传达出廉价的信息，即便是再高端、再美味的料理，也会令人大失所望。在顾客眼中，店铺的氛围也属于"料理"的一部分。

因此，要获得顾客的认可，吸引顾客进店品尝料理，关键在于选择合适的主打色彩。

将男性作为目标顾客时，运用色彩告知顾客店铺的料理类型十分重要，如中餐、日式料理、咖喱等。相反，女性在选择店铺时，更注重店铺的氛围或印象，如自然风、现代风、南国风等，感受店铺的品位，并根据自身的喜好进行判断。

换言之，与菜单相比，女性更倾向于根据印象选择店铺。要吸引女性顾客，我们必须重视包括色彩在内的店铺氛围营造。

下面是在确定店铺形象色彩时，可作为参考的调查问卷。各位可根据问卷中的问题决定店铺的形象色彩。另外，本节还对"餐饮店必须掌握的色彩基础知识"进行了整理归纳。基于这些资料进行思考，相信各位读者能为自己的店铺找到合适的形象色彩或其他希望进行有效利用的色彩。这些资料也可作为本书后续内容的参考，以供各位读者在必要时反复翻阅。

确定店铺形象色彩的参考问卷

●您的店铺主要提供哪一种料理？

●您的店铺主题是什么？

●店铺的主要目标顾客是哪一类人群？

●您希望营造何种店铺氛围？顾客推荐您的店铺时，希望他们使用哪个形容词？

●您期望的客单价是多少？（是否高于其他店铺）

●您的店铺可以比喻为哪个国家？该国的国旗是什么？

●基于上述问题的答案，您根据店铺的料理或氛围联想到哪种颜色呢？

确定店铺的形象色彩吧。

　　＊主色

　　＊副色

●您希望将联想到的店铺色彩（形象色彩）用在哪些地方？
（例如：招牌、外部装饰、门、墙壁、食器、桌布、制服等）

餐饮店必须掌握的色彩基础知识

▶色彩的基础知识

无彩色与有彩色

色彩大致可以划分为无彩色与有彩色两大类。

无彩色……白、黑、灰（不具备色相特征的色彩）

有彩色……红、蓝、黄等所有具有色相特征的色彩（白、黑、灰以外的色彩）

黑白照片属于无彩色，彩色照片属于有彩色。即使拍摄相同的风景，正如黑白照片并不会传达"漂亮""美丽"等情感一样，白色、黑色、灰色并不具备情感倾向。相对地，看到彩色照片时，人们的内心可能会被打动，产生感动的情绪。另外，白色、黑色、灰色对有彩色起衬托、渲染作用。

色彩三属性

虽然同属红色，苹果与草莓的颜色并不相同。虽同属褐色，黑咖啡与牛奶咖啡的颜色也不一样。同一色系中，因色彩的亮度、鲜艳程度不同，会呈现出不同的色彩。色彩的特征可以整理为三种。即"色彩三属性"，分别为色相、明度、彩度。三种属性不同，色彩的个性与印象也随之改变。三属性具体如下。

I　色相……颜色·色调（红、黄、蓝等）

对大量的色彩进行区分时，可以按照类别分成红色系、黄色系、蓝色系等不同的色彩系列。例如，粉色属于红色系，天蓝色属于蓝色系等，据此进行划分。

色相是指红色、黄色、蓝色等色彩的相貌，用于区分不同的颜色。按相同色相进行归类，可形成同色系色彩。

例如，

红色系……红色、粉色、酒红色等

橙色系……橙色、蜜桃色、茶色等

黄色系……黄色、奶油色、芥末色等

绿色系……绿色、黄绿色、橄榄色等

蓝色系……蓝色、淡蓝色、藏青色等

紫色系……紫色、红紫色、薰衣草色、淡紫色等

利用同色系进行组合搭配，能使人感到色彩的共通性，达到协调统一的配色效果。

色相环是指将不同的色相进行系统性排列的光谱，按顺时针方向循环逐渐发生红→橙→黄→绿→蓝→紫→红的变化。

色相环上相邻或相近的色彩搭配也与同色系色彩一样，具有和谐统一的配色效果。另外，将3种以上的色彩按规律排列，呈现出层次上的变化称为渐变。例如，红色×橙色×黄色、蓝绿色×绿色×蓝色等组合搭配。

相反，色相环上距离较远的色彩搭配则具有较大的变化性。色相环上出现在相对位置的色彩被称为互补色（相对色）。被称为互补色的2种色彩相互衬托，产生强烈的对比效果。例如，红色×绿色、橙色×蓝绿色、黄色×蓝色等组合搭配。

Ⅱ 明度……色彩的明暗程度（明、暗、浓、淡等）

明度高的色彩属于亮色，明度低的色彩属于暗色。明度用于表现色彩的明亮程度，在相同色相下，蓝色在明度高时呈天

蓝色，明度低时变为藏青色。在所有色彩中，白色明度最高，
黑色最暗。

III　彩度 ……色彩的鲜艳程度（华丽、朴素、强、弱等）

未掺杂白、黑、灰的色彩被称为纯色（原色），属于彩度最
高的色彩。彩度越高，色彩越鲜艳；彩度越低，色彩越浑浊、
暗淡。

▶色彩的心理应用效果

色彩改变时体感温度也随之改变

色彩可以分为暖色系、冷色系及中性色。

暖色系 ……令人联想到太阳、火焰的红色、橙色、黄色等

冷色系 ……令人联想到水、大海的蓝绿色、蓝色、蓝紫
色等

中性色 ……无明显冷暖倾向的黄绿色、绿色、紫色、紫红
色等

据说暖色与冷色能使体感温度产生 2℃～4℃ 的变化。强调
温暖氛围时可使用暖色系，强调清新或清爽感时可使用冷色系
予以表现。

色彩改变时重量感、质感也随之改变

加入大量白色的高明度色彩具有明快、轻柔的效果。相反，加入大量黑色的低明度色彩具有厚重、硬朗的效果。

色彩的厚重与轻柔能左右氛围的稳定感。天花板较暗时，能给人压抑感；地板设计较暗时，能增强空间的稳定感。

要让店铺内部和单间的空间看起来更宽阔，可以将墙壁色彩设计为轻薄的亮色系。

色彩改变时距离感也随之改变

前进色……彩度高的暖色系→红色、橙色、黄色等

后退色……彩度低的冷色系→蓝绿色、蓝色、蓝紫色等

未掺杂白、黑、灰的暖色系色彩属于前进色，如鲜艳的红色、橙色、黄色等，即使距离相同，前进色与其他色彩相比，看起来也更近，吸引注意力的效果更好。

相对地，蓝绿色、蓝色、蓝紫色等冷色系色彩属于后退色，看起来距离更远，不容易被人注意。

希望吸引顾客注意力时可使用鲜艳的红色、橙色、黄色等，增强宣传效果。

色彩赋予的印象与心理效应

	印象	食物	心理效应
红	华丽、温暖、富有激情、热情、活力等	苹果、草莓、西红柿、辣椒、肉等	使人变得积极向上。提高积极性。肾上腺素分泌旺盛。使人感觉温暖。促进食欲。使人感觉时间的流逝变快（明明只过了 1 个小时，却使人感觉经过了 2 个小时）。
橙	太阳、夕阳、欢快、朝气、温暖、华丽等	橘子、柿子、南瓜、胡萝卜等	促进食欲。给人热闹繁华的印象。使人心情开朗。给人以解开束缚之感。缓解压力。
黄	太阳、光、蒲公英、向日葵、光明、华丽、醒目、酸、提示等	香蕉、玉米、柠檬、鸡蛋等	吸引注意力。提升判断力。提高记忆力。提示提醒。使人心情愉悦。使人变得开朗欢快。
绿	草、树、自然、生机蓬勃、清爽、平静、平和、治愈等	菠菜、卷心菜、生菜、西兰花等	治愈身体和精神上的疲惫。缓解眼部疲劳。镇静效果。缓解紧张。放松作用。使人心神宁静。
蓝	大海、天空、水、湖、男性、清爽、澄澈、寒冷、寂静等	青花鱼、沙丁鱼、秋刀鱼等	集中注意力。降低食欲。抑制兴奋情绪。缓解疼痛。促进睡眠。使人感觉时间的流逝变慢（明明过了 2 个小时，却使人感觉只经过 1 个小时）。

	印象	食物	心理效应
紫	紫花地丁、薰衣草、高贵、成熟、时尚、高雅等	葡萄、蓝莓、茄子等	具有催眠效果。提高想象力。缓解紧张不安的情绪。给人沉稳镇定的印象。
粉	樱花、春天、女孩、女性、温柔、柔和、甜美、可爱等	桃子等	给人幸福感。使人心情柔和。缓和紧张情绪。激发女性荷尔蒙。使人恢复青春活力。
褐	树木、落叶、秋天、沉稳、古朴、苦涩、成熟等	栗子、蘑菇、牛蒡、巧克力等	使人心情平静。缓解紧张。给人坚定、可信的印象。给人一定的温馨感。让人持之以恒。
白	白雪、白云、婚纱、纯洁、纯粹、干净等	白萝卜、豆腐、冰淇淋、大米、年糕等	给人清洁干净的印象。比实际感觉更轻盈。使人联想到事物开端。使人产生不可玷污的紧张感。
黑	夜晚、高级、厚重、黑暗、恐怖等	黑豆、黑芝麻、海苔、羊栖菜等	比实际感觉更厚重。给人压迫感。强化自我主张。使人心情低落消沉。加速老化。

03 让料理看起来更美味的 3 种色彩

刚刚采摘的新鲜西红柿、胡萝卜、彩椒、生菜、黄瓜、玉米、芦笋，个个鲜嫩欲滴，色泽光亮。虽然还没有进行烹饪加工，但光凭想象，是不是已经让人产生"咬上一大口"的冲动呢？

红、橙、黄或绿等鲜艳明亮的色彩会在目光触及的瞬间传递"好吃"的信息，引发食欲。这些色彩通常被称为维他命色。

想让顾客觉得"好吃"，诱发他们的食欲，使其产生想要品尝的意愿，就要在料理的色彩、摆盘等方面，灵活搭配新鲜美味的红、橙、黄、绿等色彩。

无论多么新鲜的食材，若无法充分展示食材的色彩特征，即使是精心制作的、在味道上无可挑剔的料理，也很难让顾客心动。

在外观上能向顾客传达"美味"讯息，提高下单率的基本色彩有 3 种，分别是红色、黄色和绿色。

料理烹制完成，盛入器皿时，我们还需最后确认一下是否包含红、黄、绿等色彩。

若料理中缺少这些色彩，可以在装盘时稍加点缀，或利用盛盘的器皿添加一两种基础色彩。

另外，想让料理看起来更美味还需讲究色彩的合理搭配。例如，保留草莓或西红柿附带的翠绿色果蒂，不要去除，是不是看起来更加诱人呢？保留绿色果蒂是不是让草莓或西红柿看起来更新鲜呢？

实际上，绿色的衬托作用能让红色看起来更加新鲜艳丽。

反过来，红色也具有让绿色蔬菜看起来更美味的装饰效果。绿色的蔬菜沙拉里有没有加西红柿，给人的华丽程度是否截然不同呢？只需在沙拉上点缀些许西红柿，就能为沙拉增色不少。

此外，金枪鱼刺身通常使用青紫苏叶进行装饰。在青紫苏叶的衬托下，红色的金枪鱼显得愈发鲜活美味（紫苏叶还有杀菌作用）。

红色和绿色是互补色搭配（详见第 5 章第 8 节）。顾名思义，这两种颜色是互补关系。红色能够突显绿色，绿色也能衬托红色。

想刺激顾客的食欲，让料理的外观更加美味诱人，就需要我们合理搭配使用红、黄、绿等色彩。

04 提高店铺周转率的配色技巧

　　继烤肉店之后，我以原木色为基调，将母亲经营的牛肠火锅店改造成自然风装饰。

　　店铺墙壁用手写菜单和大量的顾客照片进行装饰，整体营造出热闹喧嚣、充满活力的氛围。不过，我偶然发现，店铺的顾客周转率并不高。

　　店铺营业时间为 17：00～23：00 点，开门时进店，一直待到营业结束时才离开的顾客不在少数。

　　我们以每组顾客的就餐时间约 2 小时为前提，计算店铺的周转率，并对销售额进行预估，但周转率一直停滞不前。

　　尤其是周末，预约的顾客较多时，周转率更是雪上加霜，若没有预约的顾客想进店就餐，动辄要等 1 小时以上，类似的情况频繁出现。

　　然而，对于正在就餐的顾客，"现在店里顾客比较多，您差不多该……""时间过去很久了，请您买单"之类的话实在无法启齿。一旦说了这种话，顾客恐怕就再也不会光临了。

要让顾客充分享受美食，感到放松和满足，主动产生"差不多该回去了。店里的顾客也变多了"的想法，到底该怎么做才好呢？我边思考边在店内打量。

此时，坐垫与菜单书的颜色引起了我的注意。

当时店铺使用的坐垫与菜单书均为藏青色。**蓝色系色彩有使人冷静、抑制兴奋情绪的作用。**

而藏青色由蓝色与黑色混合而成，具有让顾客感到身体沉重、心神安宁、不想动弹的效果。

在藏青色的影响下，顾客的身体和心情都将变得放松平缓，不易感觉到时间的流逝。即便时间已经过去了 2 小时，但在顾客眼中可能不过 1 小时而已。

就算店内已经爆满，之前进店的顾客也不会注意到时间的流逝，而产生"我们也才来了一会儿"的错觉。

因此，我向母亲建议，将坐垫的颜色更换为红色。

红色其实又分很多类型，如果所选的红色与店铺风格不符，更换色彩也是徒劳。

由于母亲的店铺采用了原木色基调，为了与之相得益彰，我决定将坐垫更换成素净雅致的暗红色，介于胭脂色与砖红色之间。

于是，事情开始出现转机。

顾客就坐后便立即拿起菜单，下单的速度变快，每次点的菜品数量也明显增多，整体就餐时间也缩短了不少。另外，在暖色调的影响下，顾客之间的话题也更加具有跳跃性。不仅如此，当店内逐渐变得拥挤时，顾客甚至会主动提出"这顿吃得很满足，差不多该回去了"。店铺周转率自然而然上升了不少（详见卷首彩页第6页）。

仅是将坐垫颜色从藏青色换成红色，便使店铺周转率顺利上升，其主要原因在于红色所产生的心理效应。

红色有使人兴奋，激发瞬间爆发力和行动力的效果。

将坐垫换成红色后，店铺整体氛围更加活跃，员工的行动变得愈发敏捷，应答的声音也更加响亮。顾客们也纷纷被店内的活力与热情感染。

如此一来，顾客们通常会在店铺设想的时间范围内就餐完毕，心满意足地离开。

红色还有让人联想到肉、胡萝卜、苹果、草莓等食物的效果，从而引发顾客的食欲，使顾客初次下单的菜品数量增加，就餐的时间随之缩短。

其实，对于菜单书，我们也使用了一些配色小技巧。菜单书原本使用的是藏青色封面，我们在封面上粘贴了带店铺品牌标志的红色贴纸。

过去，大多数顾客在店员开口询问"您想点些什么"时，都迟迟不愿翻开菜单书。而现在，顾客就坐后便立即拿起菜单翻阅。

同样的 1 个小时，有的色彩让人觉得时间过得很慢，有的色彩则会加快时间的流逝感。红、橙、黄等暖色系色彩具有加快时间流动的效果，减缓时间流动的色彩则以蓝色等冷色系色彩，或绿色等令人感到放松惬意的色彩为主。

色彩产生的心理效应还可以被运用到店铺的照明中。营造温馨柔和的氛围时，最好用白炽灯（或暖黄色照明）代替荧光灯。

白炽灯的暖橙色柔和灯光能使顾客感到温馨舒适，让就餐氛围更加热烈。

围坐在篝火或壁炉旁与人聊天时，您难道不觉得比平时聊得更开心，更兴致勃勃吗？

同样的，白炽灯光的照明效果也能营造出温馨热烈的用餐氛围。

进入顾客眼帘的装饰品或摆件在灯光色彩的映衬下，也能增加顾客的满足感，提升顾客体验。

第 3 章

招牌、入口让人记忆
深刻的店铺更兴隆

01 粗俗乏味的店铺
无法吸引女性顾客

面对美好、美丽的事物，我们的内心往往会被打动。

尤其是情感丰富的女性，会将其转化为语言，用"哇～!""好厉害!""好漂亮!"等惊叹来表达情感，并采取一定的行动，例如主动尝试心动的、感兴趣的事物，或将印象深刻的事物向他人推荐等。

美好的相反状态是粗俗。正如"煞风景"一词的字面意思，指将美好的景物损毁，使人们无法产生情感的波动。在缺乏人情味，氛围冰冷僵硬，远离温暖欢乐等情绪，无法使人感到舒心惬意的场所，人们很难产生激动或兴奋的情感，很快便会觉得无聊乏味。

我们的情绪与行为被五感所获取的信息左右，而视觉信息占其中的 9 成左右。

这就意味着，人们会根据眼睛看到的、视觉采集到的信息对事物进行判断。

如此一来，**人们在选择店铺时的决定性因素无疑就是外观。**

为了吸引更多的顾客进店，我们必须通过打造店铺外观，让顾客感受到轻松愉悦的氛围，切不可在店铺外观上煞风景。

我们在寻找用餐场所时，想去的店铺或想吃的料理会鲜明地浮现在脑海中，促使我们采取"好！就去这家"的行动。

另外，在街上漫步时，即使没有明显的饥饿感，当餐厅的招牌或菜单上的照片映入眼帘，我们仍然会被诱发食欲，偶尔也会不由自主地走进店内吧？

不过，若相当于店铺"脸面"的招牌或门帘出现褪色或损坏，我们不仅没有进店的冲动，还会产生料理难吃的联想，产生人少冷清的印象，店铺的存在感因此减弱，我们也容易对其视而不见。

相比男性而言，色彩对于女性的吸引力，比形态或设计更明显。正因为女性具有这种特性，在女性顾客经过店铺门前的瞬间，利用色彩在她们的记忆中留下印象，使她们产生"想进去看看""想尝尝看"的想法尤为重要。

为此，我们要积极运用引发顾客"进店"反应的色彩。

02 顾客不会主动寻找店铺但易受色彩的引导

比起外形，人们对色彩的记忆更加深刻，经常将色彩作为行动的判断标准。

例如，电车车站或商业设施的洗手间通常用红色或粉色表示女性，用蓝色或黑色表示男性。那么，若将双方的代表性色彩进行对调会发生什么呢？恐怕大部分人都会认错吧。

可见人们极易对色彩留下深刻印象，受色彩的引导。而女性在这方面具有更强的倾向性。

前不久，我趁促销期间去了一趟百货商场，虽然没有特别想买的东西，但依然被吸引进了一家店铺。因为这家店里贴着一张与其他店铺截然不同的海报。

我不禁思考自己为何会在注意到这张海报之后便走入店内。一般来说，写有"SALE"字样的广告牌或海报大多采用华丽醒目、具有冲击力的红色。红色具有使人兴奋，强调价格低廉的效果。

然而，这家店的"SALE"广告牌却选择了柔和淡雅的浅蓝色，成功吸引了我的目光。广告牌字体采用的也是带圆角的可爱字体。

使用柔和色调和圆形字体，明显可以看出店铺的目标顾客主要是女性。柔和雅致的色彩还能让顾客联想到促销商品具有精致或可爱的属性。看到广告牌的一瞬间，顾客脑海中便会浮现"说不定能找到我喜欢的商品"的想法，从而被吸引进店。

商品促销力度较大时，大量的顾客聚集在店内，各处搜寻心仪的商品，店内也因此变得嘈杂拥挤。而广告牌的浅蓝色柔和色调具有缓和顾客情绪，使顾客的行动更加井然有序的效果。为此，这家店的氛围也十分平和友好，顾客们的购物体验更佳。

融入了大量白色的柔和浅色系色调具有温柔、可爱、甜美、雅致、富于少女气质的印象。

招牌或海报不能一味地注重显眼醒目，还应像这家店一样，

海报的色彩让顾客联想到"个人喜好"

看那家店的海报颜色，感觉会有我喜欢的连衣裙卖！

在促销时期依然不忘根据店铺的氛围或目标顾客，推出合适的主题色彩。

顾客被招牌吸引进店后，若发现所售商品与招牌色彩赋予的印象一致，会产生遇到心仪商品的安心感。换言之，我们可以利用色彩引导顾客，提高店铺的销售额。顾客并不会主动寻找店铺，但色彩会帮我们对顾客进行引导。

03 ： 改装店铺之前更重要的是换招牌

为了提高进店率或销售额，许多店铺都试图通过内部装修、菜单的更新升级等方式来达到目的。

然而事实上，更改店内装饰或菜单，与进店率或销售额的提升并无直接关联。不管怎么说，从店铺外部来看，若顾客无法得知店内装饰或菜单已经更改，那么这些更新升级就毫无意义。**向顾客传达店铺更新升级的事实尤为重要。**而更换店铺招牌是其中效果最明显的方式。

招牌可谓是店铺的脸面与名片。即使是从未光临过的顾客，在经过店铺门前时，若能凭招牌记住店铺，我们便可称此类顾客为"潜在顾客"。

如此想来，招牌可谓是店铺必不可少的宣传工具。

我们可以通过更新店铺招牌，吸引顾客的注意，**加深店铺在来往顾客脑海中的印象。**不仅能让潜在顾客感到新奇而进店，还能让熟客倍感新鲜，增加进店时的兴奋感。

正如点心或饮料等商品一样，通过更换包装，增加"加量○○""美味升级"等字样，向消费者传达商品内容更新升级的信息。

那么，要告知顾客店内装修或菜单内容已经焕然一新，就要利用店铺招牌来传递"全新升级"的事实。因此，我们应选择更具吸引力的色彩，增添招牌的魅力，提高店铺在来往顾客心中的认知度。

即便无法对店内装修进行全面更新，只更换店铺招牌也能带来新鲜感，具有激发顾客兴趣的效果，请大家务必尝试一下这个小技巧。

04 店铺的招牌即"名片 = 店铺的脸面"

那么，究竟什么样的招牌才能吸引顾客进店呢？

首先，选择易于识别的招牌字体或标志极其重要。我们可以通过色彩让招牌更清晰可见。

能否从远处看清事物的色彩或形态，被称为事物的"可视性"。合理搭配招牌底色与文字、标志的色彩，能够有效提高招牌的可视性。

可视性较高的配色示例

配色 （底色×文字）	店铺给人的印象
橙×白	提供休闲创意型美食的店铺
白×蓝	以海鲜类为主的法式餐厅
墨绿×橙	极为讲究原材料的蔬菜料理店
白×黑	精致素朴的日式料理或日式餐饮店
黑×黄	以黑毛和牛为原料的咖喱店

首先要注意招牌底色与文字、标志色彩在亮度上的区别，其次要区分色彩的鲜艳程度以及色调，底色与文字、标志的色

彩差距越大，越容易被识别。

可视性较高的文字或标志配色可选择白底加黑字、黑底配黄字等。当然反过来也具有相同的效果。

不过，虽然这些色彩组合便于识别和读取，却未必适合我们自己的店铺。我们选择色彩时，必须根据自身的店铺形象和主题进行搭配，并兼顾招牌的可视度。

若招牌底色与文字的色彩相近，可用黑色或白色对文字进行镶边。

除可视性外，还要注意招牌对顾客目光的吸引力，**便于顾客发现店铺**。即招牌的**"醒目性"**。醒目性是指"在无意识情况下发现事物的便利程度"，简单而言，指事物对人们目光的吸引力、醒目程度。

一般来说，有彩色比无彩色的醒目性高，与蓝色等冷色系相比，红、橙、黄等明艳的暖色系色彩更能吸引眼球。

道路标志或工地标牌等便是引人注目的代表，使用显眼的色彩是这些标牌的共同点。显眼的色彩更能引起人们的注意。

道路标志或预防危险的标牌等用于提示汽车驾驶员可能发生的紧急情况，因此需要使用鲜艳夺目的色彩吸引驾驶员的注意力。

同理，**店铺招牌要吸引谁的注意、为谁而设置**的问题需要我们再次进行思考。店铺的目标顾客是谁？我们必须针对这一点选择招牌色彩（详见第 2 章第 2 节）。店铺的主打菜品或氛围也可利用招牌的色彩予以衬托。日式创意料理与意大利菜需通过不同的色彩表现，料理价格的高低也能通过不同的色彩来体现。

　　例如，强调菜品价格低廉且简便家常时，可选择鲜明艳丽的色彩，强调料理价格较高且豪华高级时，应选择具有厚重感的深色系色彩。

　　招牌是店铺的脸面。富于魅力的招牌能被深刻在人们记忆中。印象深刻的店铺更容易被人们想起，提高顾客进店的可能性。

05 : 招牌是 24 小时、365 天 连续工作的员工

从老家店铺经营失败的经验中，我切身体会到了招牌作为店铺脸面的重要性。

现在，母亲经营的是改装后的牛肠火锅店。新店开业之际，我们对招牌的色彩斟酌再三。因为在此之前，老家经营的烤肉店曾将门帘更换成与店铺招牌相同的色彩，导致店铺的存在感骤然降低，我们担心新店会重蹈覆辙。

过去，烤肉店的入口处悬挂着柿子红（红褐色）的门帘。进店的熟客不断增加，经营原本颇为顺利。但某一天，我突然接到母亲的电话，声音急切地说道："顾客们突然都不来了。"向母亲询问了我所能想到的原因，却依然毫无头绪。

几天后，我趁开车外出时，打算专程去店铺看一看。

奇怪的是，我竟然没有找到店铺的入口。折返后再次寻找，依然没有发现店铺所在。于是我停下车边走边找，却还是走过了头，店铺的存在感可谓所剩无几。

费一番周折之后，我总算找对了位置，而最先让我感到诧异的，是店铺门帘的颜色。

门帘的颜色从柿子红换成了灰色。**换成灰色后，店铺入口变得很不起眼。**不仅如此，还给人留下了**店铺存在感几乎消失**的印象。

灰色具有冰冷、无表情、无感情的心理效应，与激发兴奋情绪的色彩效应截然相反，路过的行人也不会产生越帘进店的冲动。

另外，灰色属于沉稳、朴素、低调的色彩，并不适合作为主色使用，更适合作为主色的搭配或点缀，即作为背景色使用。

母亲得知顾客减少的原因在于新买的门帘后很不服气，但在我的劝说下，还是将门帘的颜色换成了原来的柿子红。不可思议的是，顾客们竟然陆续回来了。

向回来的熟客询问后我才知道，不少顾客以为店铺歇业了，甚至还有顾客误认为店铺已经倒闭了。

我和母亲由此切身感受到了色彩对人的引导作用，在牛肠火锅店开张时，特意选择了醒目的橙色作为招牌的色彩。

橙色属于热闹欢快的色彩，能让首次见到的顾客**倍感亲切**。除了上述效果外，橙色还能让人联想到食物，**激发食欲**，适合用在餐饮店的招牌或门帘等入口周围。

牛肠火锅在老家并不常见，新开张的店铺是否受欢迎，我其实也很担心，但由于资金不足，店铺还是在没有任何广告宣传的情况下开张了。不过，从开张前 2 个月开始，我便在店铺

存在感几乎消失的灰色陷阱

灰色的门帘会让店铺的存在感几乎消失！

那家店到底去哪儿了？

将门帘换回橙色系的柿子红（红褐色）之后，店铺的存在感也复活了！

找到了！就是那家店！

入口处设置了一块橙色广告牌，并贴了一张写有"9月6日正式开业"字样的海报，覆上透明塑料膜，权作宣传之用。

虽然广告牌上明确写着"9月6日开业"，但有的顾客在店铺施工装修期间便误入店内，开张后也有顾客直言"那家橙色招牌的店铺让人特别感兴趣"，被招牌的色彩吸引而进店。

在阅读文字等信息之前，人们会根据色彩做出判断，付诸行动。由此看来，招牌无疑可视为24小时、365天连续工作的"员工"。

第 3 章　招牌、入口让人记忆深刻的店铺更兴隆

06 利用店铺入口的配色吸引女性顾客

女性对橱窗购物（Window Shopping）情有独钟。

就算没有特别想买的东西，女性在看到喜爱的商品或形象时，也会不由自主地停下脚步，在橱窗前驻足。女性对于喜欢或感兴趣的色彩会敏感地给出反应。

我办公室附近的商业街上，尽管有好几家店铺以相同的价格销售同样的商品，门庭若市的店铺与无人问津的店铺却泾渭分明。

要问这些店铺究竟有何不同，其实主要在于色彩上的使用。人气兴旺的店铺选择了适合自身店铺氛围的色彩，并灵活运用在店铺入口或招牌上。

大家不妨回想一下药妆店的配色。

看到红色的"仅限今日！""2 倍积分"、粉色的"最受女生欢迎！"等字样的 POP 或海报时，我们的目光被色彩吸引，会不由自主地走进店内。这便是灵活运用色彩醒目性所起到的效果。

065

人们看到自己感兴趣的色彩时，会无意识地向其靠近。 将这种心理效应运用在店铺配色上，能不经意间激发顾客的购买欲。

顾客在"好不容易来一趟，得买点什么才行"等想法的驱使下，主动寻找想要的商品，这便是所谓的冲动购买。店铺入口若使用激发购买欲的色彩，则容易发生冲动购买的现象。

冲动购买也可发生在餐饮店。 使用让人心情愉悦、激发食欲的色彩，能产生明显的效果。醒目性较高的红色、橙色、黄色等属于促进食欲的色彩，可合理运用于餐饮店的入口、招牌、POP、海报等。

例如，使用上述色彩的花朵装饰店铺，或用彩纸装饰 POP 广告牌，还可将色彩鲜艳的食材或菜单照片向顾客进行展示等，方法多种多样。

与店铺菜品相符的国旗色彩也可作为参考。 意大利料理适合绿×白×红，法式餐厅适合蓝×白×红，西班牙风格适合红×黄，中餐馆可用红×黄。配色时可积极运用国旗上的色彩元素。

前不久我去了一家越南餐厅，餐厅招牌的醒目效果极佳，进出的顾客络绎不绝。店铺门口装饰着红底黄星的越南国旗，十分夺人眼球。菜单招牌上装饰了午餐菜品的照片、餐厅内饰的照片、微笑的越南店主的照片。

通过餐厅的氛围及菜品的照片，顾客仿佛感受到了料理的美味和店铺的自信。

事后我仔细回想，这家店我曾路过数次，鲜艳的国旗色彩可能早就留在了我的记忆中。所以在选择店铺时，我毫不犹豫地迈进了这家餐厅。

我认识的一位土木工程公司的董事长曾说，顾客是否进店其实由店铺的入口决定。

店内的布置再精致讲究，若顾客不进店，便毫无意义。

当然，若店铺入口只是金玉其外，也无法留住顾客。相反，若店铺的内部装修或菜单雅致精良，而入口配色缺乏吸引力，不能起到引导顾客的作用，无疑十分遗憾。

我们的店铺必须在入口、招牌等处利用色彩进行装饰，吸引女性顾客驻足。

店铺入口附近采用醒目的色彩装饰，让顾客对店铺产生兴趣，且作为**想去的备选店铺**留在记忆中。一旦留心店铺，经过店铺时，顾客便会观察店铺的菜单招牌，或从窗户、大门的缝隙间观察店铺内部，尝试寻找进店的理由。真正进入店铺后，顾客们还会产生"总算到这家店来了"等愿望终于实现的感觉。

第 4 章

菜单书的精心配色
能提高下单率

01 : 在菜单书中利用
      : 红色提高周转率

菜单书不仅仅是简单的"价目表",更可视为**餐厅最重要的促销手段。**

本节将对"红色"在菜单书中的运用进行详细说明,让顾客就座后第一时间拿起菜单书下单。

前几天,一家意式餐厅经营者的夫人来找我商量:"我家餐厅的周转率特别低,有没有办法改善呢?"

这家餐厅在午餐时段的周转率尤其低下。与晚餐相比,大部分店铺选择以更低的价格供应午餐(高成本率),若店铺周转率较差,销售额便无法提高。

店主的夫人告诉我,员工带领顾客入席就座后,便会立刻递上午餐的菜单书,然而顾客们却迟迟不下单,一味地沉浸在交谈中。直到员工开口询问"您要点什么?",顾客才会翻开菜单书。

下单时间过长是导致餐厅周转率差的主要原因。

顾客们到底为何不愿尽快下单呢?在店内四处查看时,菜单书的颜色引起了我的注意。

餐厅的墙壁、餐桌等装饰均使用象牙白和焦褐色进行统一，空间氛围沉稳平和。店内各处还点缀着夫人最喜爱的深绿色。菜单书也选择了相同的绿色。

餐厅整体的氛围高雅大方，使人情绪放松，心情舒畅，顾客进店就座后，反而会将"点餐""吃饭"的需求暂时搁置。

事实上，我与员工们一起坐下后，也将点餐一事抛之脑后，一味地沉浸在交流中。于是，我瞬间明白了症结所在。午餐时段周转率不高的原因在于**视线范围内缺乏促使顾客采取行动的色彩。**

店内使用的象牙白具有放松身体、缓解肌肉紧张的效果，焦褐色具有稳定情绪、安定心神的效果，点缀所用的深绿色具有缓解眼部疲劳、释放压力、催眠的效果。在这些色彩的共同作用下，顾客在进店的一瞬间便会完全放松。

这家餐厅缺乏激发能量和行动力的色彩。注意到这一点，我想，若加入促使顾客采取点餐行动的色彩，应该能够改善店铺的周转率。

于是，我便提议将菜单书的色彩更改为红色。

红色能使人产生兴奋情绪，而采取相应的行动。**顾客的视线触及红色菜单书时，容易产生将其拿到手中翻阅的冲动。继**

而涌现点餐、就餐等想法。若无法对菜单书整体进行更改，可选择粘贴红色纹样的贴纸，或用红色包装纸、布等书皮进行装饰。

即使不能大面积使用红色，也需用红色纹样进行点缀，让菜单书更醒目，强调其存在感。

另外，在菜单书的周围用红色物品进行点缀也具有明显效果。

例如，将餐巾、调料瓶等小物件换成红色，或用红色的花朵装饰餐桌，摆放带红色元素的物品等，顾客被红色吸引，便会自然而然地拿起菜单书翻阅了。

02 菜单书并非用于阅读，其目的在于展示

据调查，"因为菜单书上的菜品照片看起来十分美味，所以决定下单"的人数量非常多。

从调查结果的数字来看，男性约为 79.6%，女性则多达 89.9%。也就是说，与男性相比，女性根据外观进行点餐的倾向更高（出处：株式会社 Aishare，http://release.center.jp/2010/02/0101.html）。

菜单书是供顾客选择料理的菜品目录。**对于顾客而言，菜单书必须易看易选，进一步激发食欲，可以轻松随意地点餐。**所以使用照片的菜单书更能向顾客传递料理的美味。

若您的店铺使用的是纯文字菜单，请务必重新考虑。仅靠文字提供信息，即使顾客感到饥饿，由于不知道菜品的分量和口味，刚开始往往点得较少，以对料理的分量和口味进行实际确认。

但是，菜单书上有照片的话，能**进一步刺激顾客的食欲，而不知不觉点得更多。**尤其是女性顾客，更容易被摆盘华丽的

让客人感觉"美味、想吃"的菜单书

●纯文字菜单

到底哪个好吃呢？
分量有多少？

●带照片的菜单

看起来都很好吃！
这个不错！
那个也想点！

料理照片吸引，产生"哇！看起来很好吃。到底该点哪个呢？这个看起来很美味，这个感觉也不错"等兴奋的情绪。

举例来说，女性在减肥期间虽然要控制摄入高油脂的料理，但若给火候恰到好处、色泽焦黄的烧肉，配上青翠的水芹、鲜艳的西红柿、嫩黄的彩椒，并在菜单中展示摆盘丰盛的料理照片，女性顾客也会无意识地输给食欲，忍不住产生"今天减肥暂停"的想法而下单。

老家的牛肠火锅店在制作番茄口味的新菜时发生过一件事。最开始我们只在菜单书上用文字进行介绍，结果点单数量寥寥无几，新菜品的美味并没有传递给顾客。后来我们特意拍摄了新菜品的照片，向顾客展示，红色的番茄锅颇为吸引女性顾客，她们表示："这种红色的番茄牛肠锅很少见"，最终订单数量大幅度增加。如今，番茄牛肠锅已经成为人气 NO.1 的女性必点菜。

以此为契机，我们在原来的菜单书中加入了大受女性欢迎的菜品照片，过去订单率较低的菜品也逐渐积攒了人气，点单数量大大增加。

这些经历对本节开头记载的调查结果进行了印证。与男性顾客相比，女性顾客具有较强的根据"外观"选择菜品的倾向。

不过，对菜单书整体进行更新需要较多资金，可采用 POP 广告牌或海报等方式，将部分菜单展示在店铺墙壁上，向女性顾客推荐人气菜品。接下来将介绍具体方法和秘诀。

在墙壁上粘贴 POP 或海报风格的菜单

将拍摄好的料理照片放大，并进行覆膜（过胶）加工，防止脏污。

接下来，将彩绘纸剪切成对话框的形状，以手写的方式将料理的特点、讲究标注在对话框内，并粘贴在照片周围。对话框的彩绘纸可选择各式各样的色彩，增添热闹繁华的氛围。

店铺员工或店长的大头照也可与对话框一同粘贴在照片周围，告知顾客菜品的推荐人，让店铺氛围更加轻松随意，增加照片的说服力。

将最希望顾客下单的菜品予以展示即可，基本上不需要额外的费用，可以立即付诸行动。

利用手绘图进行介绍

利用手绘图介绍菜品也能让顾客感受到趣味性。若菜品的美味无法通过照片充分表现时，手绘图或许是更合适的展示方式，能简洁明了地告知顾客菜品的特色。

若店内有擅长绘画的员工，不妨让他们一展身手。即便不

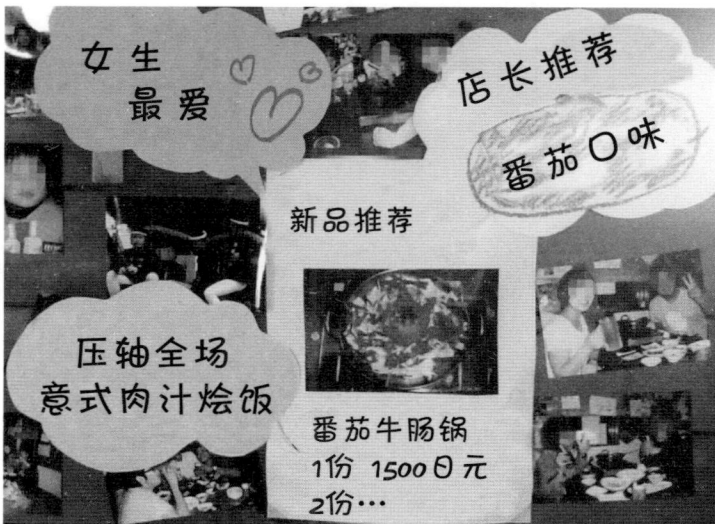

擅长绘画,只要用心去描绘,也能画出独具情趣的作品。手绘画册或介绍手绘画法的书在市面上较为常见,我们可以参考这些书籍加以练习。

无论是好是坏,手绘图都能让顾客感受到暖意,在顾客问起"这是你画的吗""这道菜好吃吗"等问题时,手绘图还可视为开启对话的契机。

贴在墙壁上展示的菜单以"季节性菜品""今日推荐""每日精选"等频繁更换内容的菜品为佳。

03 ⬚⬚⬛ 缩短顾客的等餐时间！为顾客准备快捷菜品

大多数顾客进入餐饮店时都抱有以下想法：

"肚子好饿！吃点什么呢？"

"哪种上菜速度比较快？"

"这家店的招牌菜是什么？"

……

若此时顾客拿在手里的菜单书仅是素色纸张上打印的单调文字，对于**上菜速度快的料理、符合自己口味的菜品、人气较高的菜品**等信息，顾客将无从了解。

这时顾客或许会四处打量，观察店内是否有推荐菜品的介绍，或向员工询问"哪种上菜速度比较快""有没有推荐的料理"等。如此一来，顾客在点餐上花费的时间将会增加。

这种情况频繁出现的店铺需要对菜单书进行改进。菜单书上的推荐菜品必须简明醒目，便于顾客选择。

本节首先对准备时间较短的快捷菜品进行说明。

为什么我们需要准备快捷菜品呢？对于饥饿状态下的顾客

来说，若点好的料理迟迟未上，顾客会觉得等待的时间格外漫长，且易因空腹而产生烦躁焦灼的情绪。最终，店铺很可能被顾客贴上"等餐时间特别长"的标签，被从二次光顾的候选名单中剔除。

无所事事的等待往往让人觉得难熬。在等待的过程中，希望通过阅读、聊天或吃东西等方式打发时间是人之常情。

因此，若店铺准备了等餐时间较短的快捷菜品，顾客便可边吃边等待下一道料理。另一方面，对于店铺而言，由于快捷菜品耗时较短，不会影响下一道料理的准备，在店内顾客较多时依然能有条不紊地备餐。

所以，我们要通过菜单书明确等餐时间短的快捷菜品和耗时较长的料理，让顾客一目了然。为此，我们可以利用色彩突出等餐时间短的快捷菜品。

快捷菜品的色彩最好使用蓝色。蓝色有使人感觉时间过得很快的效果。新干线或特快列车大多使用蓝色或涂上蓝色线条，给人极强的速度感。

蓝色还能赋予清爽冰凉的印象，**适合用于冷食料理或凉菜**等快捷菜品。

在菜单书上用蓝色标注"上菜速度快""即刻享用""无需等餐"等文字，再用红色圈起来使其更醒目，对缩短顾客点餐时间的快捷菜品进行展示，让顾客翻开菜单书就能看到。

04 ⬢ 主推菜品的
⬢ 展示方法

接下来介绍的是推荐菜品的展示方法。

您的店铺里想必有"本店人气 NO. 1""今日推荐""仅限 10 份"等推荐菜品吧。我们必须将推荐菜品设置得比其他料理更显眼，才能让顾客一翻开菜单书，目光便被吸引停留在推荐排名第一的菜品上。

改变菜品名称的字体或色彩，配上相应的手绘图或标志，发挥色彩的强调作用，那么顾客翻开菜单书时，便会自然而然地将目光投向推荐菜品。对于特别希望顾客下单的招牌菜（店铺的主打菜），可用红色或橙色将菜品名称圈起来，或使用上述色彩注明"本店招牌""主打菜"等评语进行强调。

另外，了解顾客视线的移动方向也非常重要。

顾客是否产生想吃的冲动，受菜单书布局的影响很大。了解顾客视线的移动方向，将店铺的招牌菜、主打菜放在目光最易停留的位置尤为重要。

对于横向布局的菜单，顾客的视线走向为从左上至右上，

翻阅菜单书时客人视线的走向

横向布局

纵向布局

推荐菜品放在目光
最先且最终停留的位置才更加醒目

再从左下到右下，最后回到左上方。纵向布局时，视线从右上至右下，再从左上到左下，最后回到右上方。

主打菜应放在视线最先停留、且最终回归的位置才更加醒目。

另外，利用色彩对菜品价格的高低予以区分，可方便顾客选择。例如，将价格较高的菜品底色设计为褐色，突出高级感；将黄色作为低价菜品的底色，突显亲切感等。视线从高价向低价方向移动时，顾客的购买意愿较高，反之则较低。推荐菜品的价格存在差距时，应将高价菜品放在前面。价格特别昂贵的菜品可以通过粘贴金色贴纸等方式，利用色彩强调菜品"物有所值，贵得其所"。

不过，需要注意的是，对于高端法国料理或怀石料理等用于招待客户的高级餐厅而言，若菜单书上的照片、手绘图或鲜艳的色彩使用过量，可能会给顾客留下不好的印象（廉价感）。

05 針对女性顾客制作推荐菜单

　　我推荐大家从菜品中挑选特别受女性欢迎的菜品、甜点，制成女性专用的菜单书。女性专用菜单书中可灵活使用照片，设计成相册的形式。相册的色彩若选择粉色系，其针对女性顾客的效果便一目了然。

　　对于女性而言，减肥与美容是永恒的主题。女性既想尽情享受美食，又担心食物热量过高。因此，若我们利用色彩对低热量菜品、蔬菜为主的健康菜品、美容效果显著的菜品进行区分，便可充分展示不同菜品的特色或功效，想必会大受女性顾客欢迎。

　　低热量菜品建议使用蓝色，蔬菜为主的健康菜品最好使用绿色，美容效果显著的菜品则以粉色为宜。

　　例如，对于富含胶原蛋白的汤类料理，我们可以在菜单书上附加标签，并写上"第二天起床带给您细嫩光滑的肌肤""超级有效的美容养颜汤"等宣传语。

　　结合相册或 POP 广告牌的尺寸，尽量将照片拍摄得更大。

另外，将照片中的料理部分单独截取出来，可使菜品看起来更具立体感，显得更加美味诱人。将彩绘纸剪成对话框的形状，写上料理的特点、讲究之处、推荐人等详细内容。女性顾客对优惠信息很感兴趣，应该会仔细阅读。

我们在设计菜单书时必须考虑顾客翻阅的趣味性。虽然会增加一定的制作成本，但文具店或百元商店均有不少可爱美观的相册装饰或贴纸销售，我们可以在许多方面花心思降低成本。

06 ⬛⬛⬛ 用食材代替
菜单书

本节将向大家介绍一家最近让我倍感震惊的店铺。

位于大阪天满的"天神桥筋商店街",据说是日本最长的商业街。日本全国的商业街数量虽然在逐渐减少,但这条商业街依然和过去一样充满活力,热闹非常。

我虽然住在大阪,对这条商业街也很感兴趣,但一直没有机会亲自去逛逛。前几天,受一位熟悉天满地区的朋友邀请,便几个人结伴一同去吃饭。

漫步在商业街上,我发现高人气店铺的招牌菜都设置得十分醒目,一目了然。

例如,同样经营居酒屋,各家店铺的招牌菜又明确分为鲜鱼、猪肉料理、炸串、异国料理等多种,顾客一看便知。

顾客只看店面,就能感受到"请您务必品尝的招牌菜"介绍所传递的美味。

这条商业街有一片区域格外热闹。在距离主干道不远的小巷子里,色泽鲜艳的红黄帐篷林立,充满了异域风情。

这里分布了许多电视或杂志等推荐过的店铺，既便宜又美味，平时总是挤满了工薪族。到了周末，当地人和游客也慕名而至，每个人气店铺门口都排起了长队。

我们在这里遇到了一家鲜鱼料理专卖店。就鱼类而言，鲜度最为重要。这家店将白色塑料泡沫箱摆放在店门口，往箱子里装满冰块，并在冰块上整齐地摆放着新鲜鱼虾类食材，仿佛刚刚到货一般，吸引着路过行人的目光。塑料泡沫箱的旁边立着一块招牌，用醒目的黑色粗体字注明了所售的鱼类菜品，如"特大鲜虾 400 日元""新鲜岩牡蛎 1 个 100 日元""先到先得、售完即止！中肥金枪鱼"等。

不过，从目光逗留的情况来看，与竖立着的招牌相比，往来行人显然对白色塑料泡沫箱中装的新鲜食材更感兴趣。

其实我也一样，不知不觉间便靠近了装有鱼虾的白色塑料泡沫箱。看到虾、岩牡蛎、鱼等食材鲜活的色泽时，我瞬间产生了"我想去这家店！就是它了"的念头。

虽然不知道价格是否便宜，也没有提前得知其他店铺信息，只在经过店门口时，不经意地被塑料泡沫箱里装的**鲜虾活鱼的色泽吸引，便瞬间食欲大增。**

在店门口摆放食材，用新鲜水嫩的食材替代菜单书展示店

铺的招牌菜。让顾客在进店之前，用自己的眼睛进行确认，向顾客传递所用食材比其他店铺更新鲜的自信感。

事实上，这家店铺并没有提供菜单书。餐桌上仅放着一张写有每日推荐菜品的表格。其他经典菜品则写在长条纸上，密密麻麻地贴满墙壁。

虽然缺乏料理的成品照片，但看到店门口陈放的新鲜鱼虾食材，顾客也能联想到由此制成的天妇罗或刺身等料理是何等的美味。通过手写的每日推荐菜品，顾客还能感受到店主在选择季节性美食或当天最佳料理等方面的精益求精。

在烹饪之前向顾客展示新鲜的原材料，激发顾客的食欲，让顾客产生好奇和期待，想象着"会做成什么样的料理呢？味道怎么样"等，让原材料发挥出"实物可见"菜单的作用。这种根据食材点餐的形式应该是源自寿司店的柜台吧。

并非所有店铺都能利用相同的方法介绍食材、菜品。大部分店铺还是需要菜单书发挥作用。

因此，我们必须意识到，菜单书对于店铺而言，依然是向顾客介绍菜品的重要促销手段。

第5章

制作让女性顾客满意的菜单

01 是否有想吃的
冲动由色彩决定

　　女性顾客根据"外观"选择菜品的可能性极大，这一点我在上文已有说明。本章将对实际制作料理时所需的配色方法进行阐述，包括让料理看起来更美味的色彩、让女性顾客对料理念念不忘的色彩、让人印象深刻且愿意向朋友推荐的色彩。

　　我们可以借助蛋包饭来思考。

　　想吃蛋包饭而下单的顾客，脑海中首先浮现的一定是松软的金黄色蛋皮，上面还点缀着红色的番茄酱，这些情景会让顾客不由自主地边咽口水，边满心期待蛋包饭的登场。

　　此时，若端出来的蛋包饭上没有番茄酱会怎么样呢？顾客内心想必会产生"咦？怎么没有番茄酱？好奇怪啊"的失落感吧。

　　毫无疑问，**在金黄色的蛋皮上点缀红色番茄酱，就是让蛋包饭看起来更美味的配色技巧。**

　　与过去不同，现在的蛋包饭除了红色番茄酱外，还可搭配许多其他类型的酱汁。例如，比浓缩番茄酱风味更佳的新鲜番茄红酱、白色芝士酱、绿色罗勒酱、褐色多明格拉斯酱等，各式各样的原创时尚蛋包饭层出不穷。看到搭配红色番茄酱的蛋包饭时，甚至会让人产生某种怀旧情绪。

若使用这些原创酱汁搭配蛋包饭，关键在于如何利用酱汁与蛋皮的色彩搭配，让菜品看起来更美味诱人。

从色彩的平衡来考虑，酱汁的色彩要比蛋皮的色彩更深更浓，以衬托出金黄色蛋皮的明亮鲜艳。

然而，搭配白色酱汁时，黄色蛋皮与白色酱汁在明度上的区别不明显，色彩的界限模糊不清，很难诱发顾客的食欲。

这时，需要我们利用其他色彩进行点缀，如搭配色泽艳丽的红色、橙色、黄色彩椒或鲜嫩青翠的蔬菜，撒上切成细末的欧芹等，将单调无味的白色酱汁和黄色蛋皮转变为配色多彩诱人的美味料理。

我们还要讲究盘子的色彩。

蛋皮与酱汁的色彩都比较浅淡，盘子的色彩选择浓郁的褐色系更合适。

将浇上白色酱汁的蛋包饭盛放在深褐色的盘子里，可使蛋皮的金黄与酱汁的乳白更加醒目分明，看起来也更好吃。

褐色与橙、黄等色彩一样，属于暖色系，适合盛放热气腾腾的料理，**外观上具有保温效果好、不易冷却的心理效应。**让顾客觉得即使放置较长时间，料理的美味也不会流失。

褐色与橙色、黄色的搭配属于同色系组合，简单易学，为料理增色的效果显著，是适合初学者掌握的配色技巧。

此外，若使用绿色酱汁，盘子的颜色最好选择红色系或橙色系，能与绿色相得益彰，让蛋包饭更具吸引力。

在人们产生想吃东西的冲动的瞬间，料理的形象会首先浮现在脑海中，并促使人们采取行动。

也就是说，想让顾客再次光临我们的店铺，味道自不必说，**灵活搭配料理或器皿的色彩，加深顾客对料理外观**的印象也尤为重要。

料理的色彩搭配得当，能让顾客将料理的样子牢牢地印在脑海中，对味道的记忆也随之复苏。

02 ▪ 西红柿、彩椒等食材
有提高销售额的功效

　　我们要在色彩搭配上独运匠心，使女性顾客在看到色彩的瞬间产生愉快的情绪，利用料理的"外观"取悦女性顾客。

　　接下来，我将对菜品制作中不可或缺的食材色彩进行介绍。进入超市的蔬菜卖场，首先映入眼帘的是种类繁多的绿色蔬菜，其次是牛蒡、土豆等褐色系的根茎蔬菜。不过，卖场中最引人注目的还是西红柿、彩椒等红色、橙色、黄色蔬菜。这些蔬菜色泽明艳夺目，仿佛宝石一般。

　　某个电视节目曾播放了一段西红柿生产者的访谈。面对色泽鲜红、味道鲜美的西红柿，种植户说道："一直以来，西红柿都有蔬菜宝石的美誉。"在听到这个比喻的瞬间，我发出了"确实如此"的感慨。其实，年幼时的我一直以为西红柿属于水果类。当母亲告诉我西红柿是一种蔬菜时，"颜色这么漂亮怎么会是蔬菜呢？"我感到十分震惊。小时候的我习惯根据色彩来区分蔬菜和水果，成熟后的鲜红色泽让西红柿看起来甜美诱人。

　　看到美丽或鲜艳的色彩，人们会产生兴奋、开心的情绪。

有"宝石"美称的西红柿、彩椒的橙、红、黄等色彩被称为基色，能给人留下朝气蓬勃、生机盎然、活力四射等印象。

暖色系色彩还具有积极、明亮、干劲十足、激发上进心的效果，在菜品中有效使用这些多彩的食材，能让顾客**感到温暖舒心，促进食欲，活跃交谈气氛。**

针对口味上佳而配色朴素单调的菜品，我们可以利用西红柿、彩椒的红、橙、黄等色彩进行星星点点的装饰，如镶嵌在料理上的宝石一般，**让料理华丽变身，通过外观向顾客发出"快看我"的邀请。**

03 利用少量食材制作
多种菜品的配色技巧

　　大型连锁店与私人店铺在菜品类型的丰富程度上区别很大。我老家过去经营的烤肉店曾有一次失败经历。当时，身为店主的母亲因顾客数量的减少而烦恼不已，认为原因可能是菜品数量太少，为了不输给大型连锁店，母亲增加了许多新菜品。

　　然而，店铺的布局、招牌均按烤肉店设计，进店的顾客并不会点居酒屋的常见菜品。菜品的类型虽然增多了，但没有顾客点单时，剩余的料理原材料也随之增加，导致店铺赤字进一步扩大。

　　这次经历给后来新开的牛肠火锅店提供了极大的参考。新店开业时我们便在思考，如何**用尽可能少的有限食材制作更多的菜品**。

　　研究店铺所需的主要食材、调味料等，在纸上逐条列出，在此过程中探索用少量食材制作多种菜品的方法，色彩则是其中的决定性因素。

　　牛肠火锅店的招牌菜是"牛肠火锅"。另外，过去烤肉店里颇受顾客欢迎的"牛筋煎饼""炸鸡块""泡菜""半熟名古屋交趾鸡""蔬菜沙拉"等 5 道菜，我们也决定作为新店的经典菜品予以保留。之后，我们将制作经典菜品所需的食材全部列举出来，进行清单化，并按色彩做好分类。

例如，"白色＝牛肠、豆腐、鸡肉、白萝卜"，"红色＝西红柿、彩椒、胡萝卜、辣椒、牛肉"，"绿色＝卷心菜、韭菜、红叶生菜、葱、黄瓜、白菜、生菜"等。

列出清单后，需要采购的食材一目了然，也便于寻找可替代食材。例如，划分到绿色类的蔬菜中，既有红叶生菜，又包括普通生菜，我们意识到"既然有了红叶生菜，就不必准备普通生菜了"，提示我们可以将同一种食材用于不同的菜品。

一直以来，我们习惯于根据菜品的实际需要准备所有的食材，而**灵活利用同色系食材之后，我们成功地减少了浪费，节省了开支**。而且，若清单上的食材价格过高，我们还可以用价格更低的同色系食材代替。

按色彩对食材进行分类，整理好常备食材后，我们便着手考虑如何**利用有限的食材制作更多的菜品**。将不同种类的原材料与高人气菜品的烹饪方法相结合，反复摸索，研究新菜品。"油炸牛肠"便是其中的典型例子。

经典菜品的食材色彩分类表

	白色	红色	黄色	绿色	褐色
牛肠火锅	牛肠、豆腐	胡萝卜		卷心菜、韭菜	牛蒡
牛筋煎饼		牛肉、胡萝卜		韭菜	
炸鸡块	鸡肉		柠檬	红叶生菜	
泡菜	白萝卜	辣椒、胡萝卜		黄瓜、白菜	
半熟名古屋交趾鸡	交趾鸡肉			红叶生菜、葱	
蔬菜沙拉		西红柿、彩椒	彩椒	生菜、黄瓜	

红叶生菜与普通生菜色彩相近、功能相同，可以进行统一。

我们将常备原材料之一的牛肠与经典的高人气菜品炸鸡块相结合，推出了新菜"油炸牛肠"。搭配炸鸡块的蔬菜也已提前准备好，不需要采购新的食材，成功地为油炸类菜单新增了一道菜。

另外，豆腐除了用于制作牛肠火锅外，还能制成豆腐沙拉或凉拌豆腐，进一步丰富菜品的种类。在凉拌豆腐里加入红色辣椒或绿色葱段等食材，还可升级为"什锦凉拌豆腐"。

在不断开发牛肠火锅店菜单的过程中，我发现**调味料也可按照色彩进行分类**。例如，盐和酱油用色彩表示对应白与黑。换言之，使用不同的调味料时，同一菜品的色彩也随之改变，用相同的材料可以制作多种新菜品。

老家的牛肠火锅店按 4 种色彩设计牛肠锅的口味。分别为：咸鲜＝白色、味噌＝褐色、酱油＝黑色、香辣＝红色。

在这 4 种口味逐渐受到顾客欢迎时，我听说西红柿对于女性具有明显的美容效果。西红柿是店铺制作沙拉的原料之一，已经在原材料的采购清单上，于是我们很快推出了番茄牛肠火锅这道新菜品。

就这样，牛肠火锅的菜式变化越来越多，现在还新增了黄色的咖喱口味，有效利用清单上的原材料，顾客可以享用 6 种不同口味的牛肠锅。

利用少量食材丰富菜品的方法

1. 列举 5 种店铺的经典菜品
2. 写出制作这 5 种菜品所需的所有食材
3. 按色彩对列出的食材进行分类
    ＊不必在意色彩的分类正确与否，按简单易懂的原则分类即可
4. 仔细观察按色彩分类后的食材，发现相似食材时，考虑能否统一为其中一种
5. 使用不同的烹饪方法对上述食材进行加工，研究新菜品

6 种口味的丰富选项大受女性顾客的好评,纷纷表示**"下次要挑战其他口味"**,**有利于店铺口碑的树立。**

按色彩预先对食材进行分类,列出清单,对常备食材、调味、料理外观等方面仔细斟酌,便可利用一种食材制作多种菜品。如此一来,我们的店铺也能与大型连锁店一较高下,并推出大受女性顾客欢迎的原创菜品。

04 ： 女性对家常料理
不感兴趣

女性产生付费进店就餐的想法，主要是对在家中无法轻易体验的魅力抱有期待。

当然，这种期待不仅针对料理。从店铺的内部装饰到器皿、盛盘等各方面的细节，都会成为女性判断是否值得花钱一试的要素。

在此，我想向大家介绍自己被别出心裁的料理打动的一次经历。

我和朋友曾去过位于大阪北区的一家酒吧。当问起这家店人气最高的下酒菜时，得到的回答居然是毛豆。"最有人气的小菜竟然如此常见"，我虽然倍感疑惑，但还是点了这道菜，结果端上来的不是想象中的普通绿色毛豆，而是**表面焦黑的炒毛豆**。

提到毛豆，我便以为是绿色，焦黑的外观虽然出乎意料，但闻起来香味十足，好奇心被勾起之后食欲更加旺盛。

并且，撒在毛豆表面的盐也不是白色，而呈金黄色，在焦黑的毛豆表面仿佛闪着金灿灿的光芒。当然，味道也比想象中的更好，倾向于甜辣风味，毛豆独有的芳香分外浓郁。

这家店还有许多其他独创菜品，用的都是能在超市买到的普通原材料，**但经过食材的搭配组合或特殊的烹饪方法加工后，做成的料理散发着与众不同的魅力。**

这些独创料理的外观和盛盘尤其能让顾客感到雀跃。看到前所未见的料理时，顾客会想象其烹制的工序，从料理中感受到更多的乐趣。

这种别出心裁的菜品，才能回应女性顾客对外出就餐的期待，使她们获得满足感。

在这道特别毛豆的启发下，我决定对老家牛肠火锅店的煎鸡蛋进行升级，通过与众不同的色彩搭配，让原本人气颇高的煎鸡蛋更受女性顾客的欢迎。

这道料理精心选用了名古屋交趾鸡所产的蛋，在原材料上虽然十分讲究，但烹饪方式与其他店铺区别不大，也采用酱油调味。

为了突出料理的原创性，加深女性顾客对煎鸡蛋的喜爱，我决定用**粉色的岩盐**来点缀。而灵感正是来自酒吧毛豆上撒的金黄色盐粒。使用带颜色的盐能增强顾客对料理外观的印象。

对煎鸡蛋进行创新改良后，女性顾客的实际下单率提高了 3 成左右。

比起煎鸡蛋，下单的女性顾客显然对粉色的岩盐更感兴趣，不出意外地发出"哇！好可爱"等惊叹。

希望顾客产生再次光临店铺的念头，关键在于运用一些顾客意料之外的小技巧，让他们感受到不同于家常料理的新鲜感。

另外，对于**简单易学、能够亲自尝试的做饭技巧**，女性顾客往往表现出极大的兴趣。若是配色方面的技巧，则更易加深女性顾客的记忆。

有时顾客会在"再去一次，好好研究一下""再吃一次说不定能尝出调味秘诀"等想法的驱使下再度光临。

我们可以在店铺现有菜品的基础上，利用色彩制造一些小惊喜。人们的视觉记忆通常比味觉记忆更深刻、准确。

在外就餐时，若遇到视觉效果好的料理，我们也可以考虑将其运用到自己的菜品中。

05 外观比食材更能体现料理性价比的"高、低"

对于自己感兴趣的事物，女性虽然不吝于花费金钱，却比男性更重视其**性价比**。

这就意味着，无论是精打细算的便当，还是自我奖励的大餐，女性都**希望获得"实惠"**，而**"外观"正是决定女性是否感受到实惠的重要因素之一。外观欠佳的料理**会让女性觉得**"性价比低"，外观豪华精致的料理**则能带来惊喜，让女性觉得**"性价比高（实惠）"**。

举例来说，对于刚煮熟的白米饭，若用随处可见、毫无特色的饭碗来盛，则过于普通，而若由店员当场从浅褐色的木桶中舀出，用深色饭碗盛放，无疑能为白米饭的美味增色不少。

况且，若店铺在大米的选择上十分讲究，则更有必要采取合适的器皿来体现，利用外观告知顾客店铺所用食材是精心挑选的高档大米。相反，即便店铺使用的是普通大米，若利用色彩相宜的器皿搭配，也能让顾客感受到精选大米的美味。

用白色器皿盛放白色米饭，双方的色彩被同化，米饭的存在感会被严重削弱。若将白米饭盛放在黑色器皿中，则颜色更显洁白，光泽更加醒目，看起来也更美味可口。这种现象被称为**色彩的对比效应**。经不同色彩的器皿衬托，相同的白米饭所呈现的色彩也有所区别。

对于色彩浅淡的料理，需要用色彩更深的食材或器皿来搭配，相反，若料理的色彩较深，则需搭配浅色蔬菜或器皿，才能让料理的外观更吸引眼球，不同的配色组合会使食材或料理产生不一样的视觉效果。

即使所用的食材极其高档，若料理的盛盘配色不尽人意，顾客必然不会得出"想吃""好吃"的结论。关于器皿的选择，我将在第 6 章第 3 节进行详细介绍，供大家参考。

某个综艺节目曾做过一项测试，让艺人或演员在蒙眼状态下，分别试吃高端食材和廉价食材，并猜出哪种才是高端食材。遮蔽双眼，仅靠味觉进行判断其实非常困难。

就连经常品尝高端食材的艺人们也无法仅凭味觉信息做出正确的判断。

由此可见，人们在判断食材的优劣时，不仅需要味觉，还要依靠视觉捕捉的信息。

因此，精心挑选器皿的颜色，烘托菜品食材的高级感，使其看起来更加美味诱人，讲究盛盘食材的色彩搭配极为重要。

哪怕是一碗米饭，外观欠佳时也会让顾客觉得物非所值，外观考究才能赢得欢心，让顾客觉得性价比高（实惠）。

06 最后的甜点务必用色彩带给顾客 "好玩、犹豫、有趣" 的体验

　　许多女性都有"甜点装在另一个胃里""再饱的肚子也能装得下甜点"的想法。事实上，科学研究证明，看到高甜度食品时，我们的大脑会本能地产生摄取的冲动，即使胃部处于饱和状态也会为甜食腾出空间。不仅仅是女性，许多男性也有在餐后吃甜点的习惯。

　　不过，女性与男性的侧重点有所不同。举例而言，女性在选择午餐时，是否附带甜点甚至可能成为她们选择店铺或菜品的标准。**即使菜式豪华丰盛，若免费赠送的甜点平淡无奇，顾客的满足度也会降低**，十分不可思议。由此可见，甜点在很大程度上能成为影响店铺评价高低的关键因素。

　　甜点虽然举足轻重，但只需稍花心思，便能轻松获得女性顾客的好评。

　　具体来说，我们必须**为顾客准备"可选性惊喜"**，即为顾客提供多种类型的选择。甜点不能只准备 1 种，要 2 至 3 种才能让顾客感到满意。

　　3 种类型的甜点能进一步刺激顾客的大脑，增强顾客对甜点

的渴望。

　　开发 3 种不同类型的甜点存在困难时，可以从"3 种色彩"的角度来寻找灵感。

　　最简单的做法是，**准备同一种底料，只在甜点外观和口味上做出改变。**

　　以冰淇淋为例，若准备巧克力、草莓、抹茶等不同的口味，大家或许会产生"那岂不是需要 3 种不同的冰淇淋"的疑问。当然，若店铺资金充裕，3 种齐备也未尝不可，但冰淇淋箱体积较大，会占用较大的冷柜空间。因此，冰淇淋基底准备香草口味 1 种即可。

　　在香草冰淇淋上添加巧克力酱、草莓酱、抹茶粉进行点缀，便能轻易制成 3 种不同的口味，博得女性顾客的欢心。

　　餐后饮品也可采取同样的方式。男性顾客得知店铺只提供咖啡时，要么选择咖啡，要么结账离开，行动上通常表现得很干脆。

　　女性顾客却会疑惑："为什么只有咖啡呢？要是有红茶或橙汁就好了。"

　　虽然对午餐的菜品很满意，但若餐后饮料或甜点为固定品种，不具备可选性，那么顾客的满意度也只停留在菜品上。

　　若能提供 3 种不同类型、色彩的饮料或甜点，给予女性顾客可选性惊喜，会让顾客满意度达到"还想再来"的高度。

07 利用色彩演绎季节感
吸引女性顾客的目光

男性顾客偏好一成不变的"常规性商品",而**女性顾客更倾向于选择富有"多样性"或"变化"的商品**。女性会根据季节的变化更换妆容和服装的色彩,享受时尚带来的快乐。秋冬季节选择沉稳大方的色彩或俏皮雅致的时尚搭配,春夏季节则喜爱穿着色彩柔和或明艳的衣饰。女性善于通过色彩呼应四季的变迁。

因此,在店内陈设体现季节感的鲜花或饰物,能够唤起女性顾客的敏锐感知。本节将详细介绍精心设计菜品、利用色彩演绎季节感的方法,达到引发女性顾客兴趣的效果。

想象春、夏、秋、冬四季时,我们脑海中浮现的色彩也各不相同。

春季的代表性色彩包括樱花或桃花的淡粉、油菜花的金黄、新芽的嫩绿等。其中,淡粉色无疑是让人联想到春天的典型色彩。在菜品的食材或盛盘器皿等方面灵活运用这些色彩,便能给顾客留下春天的印象。

使用"粉色×黄色×嫩绿色"的搭配也能有效地营造春天的氛围。

例如，在常规的绿色沙拉上，点缀弄碎的水煮蛋，或用切成花朵形状的火腿进行装饰，能让菜品看起来更清新可爱。在蛋黄酱中混入梅子肉，制成粉色酱汁，装在白色碟子里，也能营造春天的氛围。

夏季的印象色彩也很多。如光芒四射、灿烂耀眼的太阳红或暖橙色、向日葵的金黄、树木葱郁的浓绿、大海或天空的蓝等明亮鲜艳的色彩。

另外，绣球花的淡紫或浅蓝、牵牛花的浅红、刨冰或冰淇淋的乳白能传递凉爽惬意的信息，也属于夏季印象色。

着重渲染热情似火的夏季氛围时，用前者配色可达到很好的效果，缓解夏季炎热，营造清凉舒适的环境时，使用后者配色更适宜。例如，将观叶植物的绿色叶片铺在叠放的玻璃盘子之间，能让顾客感受到宛如南国海岛般的清新感。

秋天是收获的季节。栗子、松茸、南瓜、柿子等美味呈现了秋季色彩古朴雅致的基调。红叶的红或黄，象征万圣节的橙黑色搭配，均为秋季的典型色彩。不过，与代表夏季的红、橙相比，秋季的红或橙更显浓厚深沉，色调上给人的感觉愈发温暖、端庄。

灵活利用深色系的红、黄、褐等色彩能够充分表达秋意。

例如，将胡萝卜切成银杏叶、枫叶的形状，点缀油炸、煎烤、水煮等菜品，为顾客带来秋天的气息。若用真正的红叶进行装饰，更能让顾客感受到秋季的意趣（使用植物装饰时，务必清洗干净，要格外注意卫生问题）。

冬季天气寒冷，偶尔还会下雪，其代表性色彩也以白、黑、灰等单一色调为主。街道往来行人的服装也转变为素色系。

正因为整条街道都弥漫着单调朴素的色彩，我们更有必要让顾客感到温馨、放松。

热腾腾的料理在严寒时节能让人倍感舒心。与白色器皿相比，黑色器皿能让热菜看起来更美味。带黑色元素的深色系的浓郁色彩能赋予人温暖、柔和的印象，让料理在外观上更加美味诱人。

看到在深色器皿或炖锅中咕咕冒泡的白色豆腐、蘑菇、绿色大葱等食材，人们会瞬间涌起食欲。

另外，冬季还有圣诞节、新年等许多热闹繁华的节日庆典。我们可以利用节日给人的印象，在12月或1月期间，将红色或金色元素融入店内装饰、餐桌点缀、菜品食材或摆盘等，营造特别的节日氛围。

例如，使用带金色纹样的器皿，用金粉装饰料理等，为顾客打造平时难以体验的奢华感。

根据季节的变化，为菜品食材或盛盘选择四季相宜的色彩，在视觉上给顾客带来美的享受，轻松演绎季节感。

菜品设计可参考的季节印象与色彩

	印象	色彩种类
春	樱花、桃花、油菜花、女儿节、入学、新生活、远足郊游、开端、轻柔、可爱、温暖和煦	樱花粉、桃红、红梅色、鹅黄色、嫩绿色、蒲公英黄、棣棠黄、堇色、油菜花黄、郁金香红、新绿
夏	大海、太阳、泳衣、夏季和服、牵牛花、刨冰、烟花、度假、避暑地、夏日祭典、炎热、光芒耀眼	蓝色、牡丹色、鸭跖草蓝、菖蒲色、向日葵黄、朱瑾红、绣球花紫、海洋三色（蓝·白·红的配色组合）
秋	红叶、万圣节、丰收节、秋日祭、红蜻蜓、果实、读书	栗色、柿子黄、桔梗色、银杏黄、夕阳红、芒草褐、枯叶黄
冬	圣诞节、新年、成人礼、盛装礼服、雪、滑雪、情人节、冬眠、暖炉、被炉、寒冷、寂寥	纯白、枯草色、山茶色、雪花白、一品红、圣诞绿、金色、夜空深蓝与星星黄的组合

08 用圣诞色使美味升级！用互补色烘托料理

上文针对如何在菜品设计上运用配色技巧，获得女性顾客的喜爱等方面进行了详细说明，若仍对菜品食材的选择或盛盘手法犹豫不决，可参考更简单的色彩搭配。

圣诞节可谓是一年中最让人欢欣雀跃的节日之一。光是想起**圣诞树的绿色或圣诞老人服装的红色**，便能让人满怀期待。

代表圣诞节的红色与绿色具有明显增强顾客兴奋感与期待感的效果。

"红×绿"的搭配被称为**互补配色**，这种配色方式能**引起互补色的强烈对比，产生相互映衬的效果**。在绿色的衬托下，红色使人兴奋的效果更明显。

将互补配色运用在菜品食材的选择或盛盘搭配上，能使料理看起来更精致豪华。

例如，金枪鱼刺身通常会搭配翠绿的青紫苏叶。金枪鱼的红与青紫苏叶的绿相互映衬，属于典型的圣诞色组合。装饰兼具杀菌作用的青紫苏叶，不仅实用性强，还能让红色的金枪鱼肉在绿色叶片的衬托下更显鲜美诱人。

在绿色沙拉中点缀西红柿，不仅能让蔬菜看起来愈发青翠鲜嫩，西红柿也显得更加红润剔透、甘甜可口。

我们或许在无意识中已经对某些菜品使用了"红×绿"的搭配，但在明白互补色的视觉效果后，我们可以满怀信心地运用圣诞色组合。这份自信也会传递给顾客。

互补配色除了"红×绿"的圣诞色组合外，**夜空与闪耀其间的星月光芒，即蓝色（深蓝）×黄色（金色）**也属于互补搭配。

例如，用黄色器皿盛放茄类菜肴，黄色能衬托出茄子的深蓝，让菜肴看起来色泽鲜明、美味可口。

互补配色为相互对比、映衬的色彩组合，具有强化食材的新鲜感，突出菜品自身美味的效果。请大家务必将其运用在料理盛盘或器皿、装饰品的选择上。

除了圣诞色及夜空色彩组合外，我们身边还有许多常见的互补色搭配。

街道上或自然界中让我们产生"好美啊"或眼前一亮等感受的色彩搭配也可以在菜品设计中加以灵活运用。

就算不了解色彩搭配法则，我们只需有效利用平时感到协调、美好的色彩组合，也能达到高品位的配色效果。

牢记互补色

对角位置的色彩
即为互补关系

黄

黄绿

橙

绿

红

互补色

蓝绿

紫

蓝

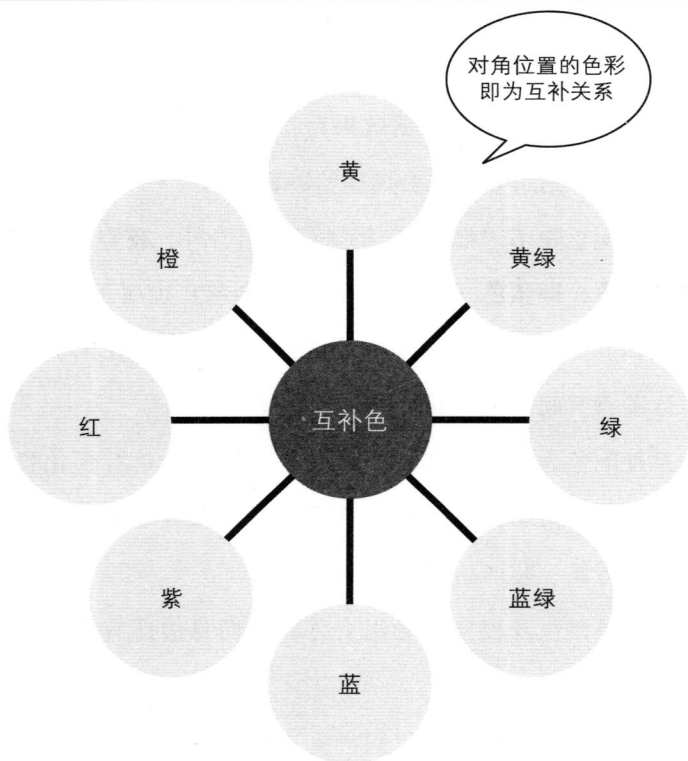

菜品搭配示例

红×绿	绿色蔬菜沙拉配西红柿
黄×蓝	茄子配黄色器皿
橙×蓝绿	蓝色鸡尾酒配橙色切片
黄绿×紫	生菜配紫洋葱

第6章

在店内设计上用
色彩传达"匠心"

01 店铺的独特之处并非凭语言传达，要靠店内设计

　　我曾去过一家不同寻常的居酒屋。这家居酒屋在原材料上十分讲究，每次点菜时，店主都会滔滔不绝地讲述原材料的产地或烹饪方法等店铺特色。

　　一开始，店主的热情亲切让我感到欣喜，但在持续不断的长篇大论中，我逐渐觉得厌烦。

　　虽然我非常理解店主想要向顾客"传达"店铺独特之处的心情，但我们要注意运用更好的"传达"方式。

　　如果，您采取的是用语言大量讲述的方式，则需三思。

　　原因在于，**顾客光临店铺是为了享受用餐时光。**如与一同进店的好友、恋人开怀畅聊，或与家人共同度过宝贵的团聚时间（也有部分顾客会从与店主的交谈中寻找乐趣，但即便如此，我们也不能一味地讲述店铺特色）。

　　因此，剥夺顾客宝贵的用餐时间，不停地宣传店铺独特之处的行为其实非常失礼。而且，就算顾客一开始能饶有兴趣地倾听，若内容过于冗长，顾客也会逐渐感到厌倦。

当然，对于大家想要将店铺的独具一格、与众不同传递给顾客，希望顾客信任店铺的心情，我完全可以理解。

那么，要将店铺的"匠心"自然而然地向顾客传达，究竟该怎么做呢？

答案很简单，我们**不必用语言赘述，只需利用色彩吸引顾客的注意力，让顾客对店铺的特色产生兴趣，甚至主动开口询问。**

例如，老家的牛肠火锅店为精心采购的烧酒拍照并放大，

用照片和色彩强调店铺特色

红色字体书写的 POP 广告牌、黑色毛笔字书写的 POP 广告牌，均能牢牢吸引顾客的目光

用金边镶嵌使其更醒目，并装饰在墙壁上。而且，**照片的高度正好与餐桌或就坐后的顾客视线持平。**

此外，我们还在广告牌上用鲜亮夺目的红色字体注明"本店招牌"、用黑色毛笔写上"独具特色的原创烧酒"等，粘贴在照片周围。

如此一来，照片上所写的烧酒品牌与特色便能让顾客一目了然。**红色与黑色的粗体文字能牢牢吸引顾客的目光。**

自从挂上这张照片以来，便有不少喜爱烧酒的顾客主动开口询问，宣传店铺特色的机会也随之大大增加。

顾客出于兴趣而主动询问时，我们宣传店铺的独特之处，便不会有多此一举之嫌，顾客反而会因店铺热情的回应而倍感欣喜。

总之，向顾客传达店铺的特色时，首先要利用色彩吸引顾客的目光。

02 用墙壁营造温馨华丽的氛围

与男性相比，女性对色彩更敏感，易受外观或环境氛围的影响。在特殊的节日庆典或自我奖励时，女性大多会选择外出就餐，尤其希望得到特殊对待，喜爱华丽绚烂的空间。

因此，在选择店铺时，女性也更倾向于光彩夺目、华美艳丽、灿烂奢华的场所。**华丽的店铺似乎总是聚满了女性顾客。**

接下来，我将对如何利用色彩打造大受女性顾客欢迎的华丽店铺进行详细说明。

店内的墙壁最能体现华丽感。**店内所占面积最大的墙壁可视为店铺氛围的决定性因素。**若店铺让人感觉冰冷乏味，问题多半出在墙壁的颜色上。只有在温馨舒适的环境里，顾客才能安心就餐。

餐饮店的墙壁应以提高体感温度、调动顾客情绪、让人感到温暖舒心的色彩为宜。例如，奶油象牙白比纯白更适宜，三文鱼橙粉比淡粉色效果更好，褐色比灰色更温馨。

然而，无论墙壁的色彩如何温暖舒心，若缺乏适当的装饰，也会让人觉得单调枯燥，无法产生光彩华丽的感受。

墙壁在店内空间中所占面积较大，若缺乏视线的集中点，顾客便会逐渐产生厌倦感。因此，我们要将墙壁看作一张巨大的画纸，用色彩加以点缀，**让顾客的视线跟随色彩移动，不知不觉间感受到乐趣，用眼睛获得满足感。**

用符合店铺氛围的绘画或海报装饰墙面，或用彩绘纸写上菜品名称贴在墙壁上，如同翻阅绘本一般，为女性顾客提供在不同色彩间游移目光的乐趣。将适合店铺氛围的花纹布料嵌入画框，作为挂毯装饰也是不错的选择。

举例而言，打造休闲风店铺，可选择鲜亮的红、黄、绿等色彩装饰店内。营造都市风店铺，可用酒红、深绿、黑色等进行点缀。褐色、芥末黄、胭脂红、暗绿色则适合打造和风店铺。

像这样，不同的装饰色可以演绎不同的店铺风格。

老家的牛肠火锅店墙壁原本乏善可陈，通过粘贴到店顾客们的照片，成功营造出色彩绚烂、热情洋溢的氛围。看到照片里顾客们开怀的笑脸，首次光顾的顾客想必也深感安心。

女性顾客有时还会主动提出"阿姨，帮我拍得可爱点"的要求，增加了与顾客交流的机会。另外，期待拍出好的照片而再次光顾的顾客也多了不少。

贴在墙壁上的照片里满载顾客们灿烂的笑容，让店铺显得格外温馨和睦。

03 : 利用器皿的色彩
使料理更显豪华

从超市或便利店购买熟食配菜带回家吃时，我一定会用喜欢的器皿重新装盘。这样一来，装在打包盒里的料理也能华丽变身。器皿的选择便是如此重要。

例如，怀石料理、法国料理均极为讲究外观的华丽和视觉享受，甚至有"用眼睛品尝"的说法。

怀石料理通常使用大量的小碗或浅碟，料理本身自不必说，器皿的色彩也是体现季节感的重要道具，再添以花、叶等时令性装饰，营造料理的豪华感。器皿的色彩、料理的色彩、用于装饰的花、叶等色彩叠加，给人留下搭配协调、相得益彰的印象。

另一方面，法国料理注重在白色盘子中如绘画般对料理进行装饰。灵活运用食材或酱汁的色彩，将料理成品点缀得豪华绚丽。

双方的共同点在于，仿佛宝石箱一般，用各式各样的色彩增添就餐的乐趣。豪华丰盛的怀石料理或法国料理能在出现的瞬间打动顾客，女性在自我奖励或特殊时节想去品尝的心情也并不难理解。

前几天，一名心理咨询师在电视节目中提到："**女性具有通过器皿的色彩享受味觉的倾向**。"因此，要吸引更多的女性顾客，就必须在器皿的色彩方面独运匠心，让料理盛盘更显豪华美味。

若不善于料理盛盘，我们可以适当选择带颜色或花纹的器皿。由于盛放在白色器皿中的料理色彩数量较少时，菜肴难免显得单调贫乏，带颜色或花纹的器皿具有为料理增色添彩的效果。

即使色彩方面的品位有所欠缺，我们也无需轻言放弃。掌握器皿与料理的配色技巧，能让我们的店铺更受女性欢迎。

接下来，我将详细介绍器皿选择与盛盘的配色技巧。从最简单的方法开始，依次增加色彩数量。

料理的色彩与器皿的色彩选择同一色系

首先介绍的是最简单易学的配色方法，即**选择料理同色系的器皿**。这样能使二者的色彩协调统一。不过，仅用相似的色彩盛盘，恐怕稍显单调，需要我们别出心裁。

以烤鱼为例，可选择与烤鱼相近的褐色系器皿。由于同色系色彩搭配过于相似而略嫌单一，我们可**利用醒目的色彩进行点缀**。例如，用柠檬、酸橘、白萝卜泥等材料装饰烤鱼。

同色系搭配

红色系	大红、朱红、粉色、樱花粉、杜鹃红、酒红、胭脂红、红褐色、砖红色等
橙色系	橙色、蜜桃色、小麦色、褐色、焦糖色、巧克力色、焦褐色等
黄色系	黄色、棣棠黄、奶油色、芥末黄、浅驼色、土黄色、黄褐色、金色等
绿色系	绿色、黄绿色、嫩绿色、橄榄绿、茶绿色、抹茶绿、青瓷绿、苔绿色等
蓝色系	蓝色、淡蓝色、深蓝色、靛青色、土耳其蓝、群青色等

热菜应选择温暖色系的器皿

正如热气腾腾的炖菜、充分冷藏的冰啤酒让人感觉格外可口一样，料理的温度对美味的影响很大。因此，热菜必须持续保温，凉菜也要维持清凉爽口，尽力让顾客品尝到料理最美味的状态。这也需要我们有效运用器皿的色彩。

色彩具有温度感，我们应用色感温暖的器皿盛放热菜，用色感寒冷的器皿盛放凉菜。

例如，炖煮类料理搭配褐色系等让人感受到土壤温暖的器皿、深色系器皿，能产生持续为料理保温，封存美味的心理效应。

相反，对于刺身等冷食料理，选择让人联想到大海、河流、水、冰等事物的蓝色系器皿、玻璃器皿，能使刺身看起来更鲜活可口。

说得极端一点，选择与食材生长环境相似的色彩，便不会出错。

活用主色、辅助色、点缀色

色彩用量的平衡对于盛盘而言尤为重要。具体是指料理与器皿的色彩面积比。为了让料理看起来更加豪华美味，我们需要在色彩搭配上仔细斟酌。

缤纷的色彩虽然在外观上看起来比单一色彩更华丽夺目，不过为确保配色合理，我们应从 3 色搭配开始尝试，掌握之后再增加至 5 色、6 色。

3 色搭配具体是指，料理本身所占面积最大，属于主色（底色），器皿所占面积次之，属于辅助色（补充色），面积最小的是用于装饰的蔬菜或水果等，属于点缀色，作用在于突显料理的美味。3 种色彩的**面积比大约为 7：3：1**。

料理的主色与器皿的辅助色应为同色系或类似色（色相位置相近的色彩搭配），也可选择相同的色调组合营造协调感。

用于装饰的蔬菜或水果作为点缀色，应选择冲击力强的鲜艳色彩，或器皿、料理的相反色。

04 ： 制服色彩得宜也能成 为极好的促销工具

人们在看到料理色彩的一瞬间，便能产生温暖、冰冷、甘甜、辛辣的印象。色彩传递信息的速度比语言说明快得多。

观看美食节目或烹饪书籍时，人们通过画面、照片感知食材或料理的缤纷华丽、鲜明色泽及美味，产生品尝或制作的想法。若节目或书籍的色调单一，料理的美味又能否顺利传达呢？想必人们很难产生试吃或制作的冲动吧。

那么，光临店铺的顾客首先会看到什么呢？餐桌、椅子、贴在墙壁上的菜单等或许都会映入眼帘，而打开店门的一刹那，在"欢迎光临""您好"的招呼声中，顾客的目光会立即被员工吸引。**与员工的接触也能在很大程度上影响顾客的食欲。**

员工热情饱满的招呼声当然很重要，不过本书的重点在于色彩，因此主要从员工制服的角度来思考。

我在参加一场名为"女性专享治愈系商品展销会"的活动时，发生过一件事。当时，我摆了一个色彩诊断展台，为前来咨询的人提供适合本人的个性化色彩诊断。活动现场几乎全是女性，以女性为目标的展台随处可见。我旁边的展台由一家销售浴盐、香皂等用品的公司经营。商品价格设置在 500 日元~1000 日元左右，顾客可随意购买。很多女性都被这个展台吸引，上前查看商品，然而没过多久又纷纷离去，走向其他展台。

中午休息时，来自名古屋的公司社长发牢骚道："大阪的生意真是不好做啊，完全卖不出去。"

不过，我看出了滞销的原因所在：这位社长从西装到皮鞋均搭配成黑色。

即使女性顾客想要靠近展台仔细查看商品，但见到全身穿成纯黑色的男性立于一旁，女性往往会感觉到强烈的压迫感，很难进一步开口咨询。

看到在旁边参展的我，这位社长表示对我的工作很感兴趣，询问道："不同的颜色给对方留下的印象也不一样吧?"于是我告诉他："要让女性顾客产生亲切感，黑色的服装绝对 NG！必须选择女性喜爱的颜色。"

商品的目标顾客既然是女性，那么销售者的服装就要选择易于女性亲近的色彩，否则无法吸引女性顾客。我向这位社长建议，至少在黑色西装里面搭配粉色或黄色衬衣。

数日后，我在其他地方举办的同一活动上再次偶遇了这位社长。这次他穿了一件黄色的工装夹克。正如我所料，穿纯黑西装时滞销的商品，在他更换工作服后变得大受欢迎，展台前围满了女性顾客。

那么，餐饮店应该如何确定制服的色彩呢？

餐饮店制服并非工作服，我们要**从"展示型促销工具"的角度来思考，使顾客觉得料理更美味，或营造繁华热闹的店铺氛围。**

制服色彩的搭配方法有很多。以意大利料理为例，制服可选择让人联想到熟透的番茄酱汁的红色。或从意大利国旗的绿、白、红中挑选合适的色彩。我朋友经营的意式餐厅便采取了将国旗的色彩元素巧妙融入员工制服的方法。用白色制服（厨师外套）搭配绿色帽子和围裙，领带定为红色。制服整体营造出浓浓的意大利风情。

国旗色彩搭配法便于顾客想象料理或店铺氛围，有效加深顾客的印象。

此外，我们还可从料理或食材相关的色彩中进行选择。以新鲜鱼虾类为卖点的店铺可将深蓝色 T 恤作为制服，让顾客联想到幽蓝的大海。主打美味蔬菜的店铺可将围裙设计为绿色。

我老家的牛肠火锅店则统一采用 Polo 衫作为员工制服。

后厨员工着白色，用以突显烹饪场所的清洁感，大堂员工着橙色，围裙与头巾均采用红色。橙与红的搭配传递出促进食欲、富有活力、繁华欢乐、活泼开朗等印象，能让员工精神饱满地招待顾客。

不宜用于餐饮店制服的典型色彩是灰色。原因在于，灰色让人联想到的食物极为少见，还有鼠灰色的别名，或许还会给人留下肮脏不洁的印象。本书第 3 章介绍了我老家的烤肉店曾将门帘色彩更换为灰色的经历，灰色不具备情感倾向，缺少明显特征，很难给进店的顾客留下深刻印象，甚至打消顾客内心激动、兴奋的情绪。因此，作为重要的促销工具，我们在考虑制服色彩时，必须慎重使用灰色。

05 ⬚⬚⬛ 凌乱的收银台会使
顾客产生不安感

收银台是从顾客手中收取金钱的重要场所，也是用"欢迎光临""多谢惠顾"等招呼声迎送顾客的关键区域，相当于家里的玄关。

自古以来人们就认为，保持玄关的清洁美观能提高整个家的良好形象。位于店铺门口的收银台与此类似。然而，收银台凌乱不整的店铺其实颇为常见。如台面上积累灰尘，小票或单据随意乱放，杂志或书籍胡乱堆放等。

收银台作为店铺的玄关，若不够整洁，会给顾客留下料理不好吃的印象。

而且，结账时还会导致顾客产生"会不会算错了""没问题吧"等怀疑或不安的情绪。

负责收银的员工若身处杂乱的环境中，犯错的概率也会变高，如找不到票据或笔，无法集中注意力计算等。看到员工边找东西边结账的忙乱身影，顾客好不容易从美食上获得的满足感会瞬间消散。因此，负责收银的员工需要沉着应对，防止出错。

为此，除了保持收银台的洁净外，我们还要确保其外观清爽美观，稳定收银员的情绪，提高计算准确率和工作效率，让顾客安心。接下来，我将对适合收银台的色彩搭配要点进行说明。

统一收银台的色彩

笔架、文件盒、收纳盒的色彩，应与收银台的台子、架子、隔档的色彩保持一致，或使用相近的色彩。**色彩若协调统一，外观上便显得清爽利落。**避免色彩纷杂，收银员的注意力就不会被分散，能够冷静沉着地进行结算。另外，结账的顾客较多时，若收银台四周的色彩协调统一、干净整洁，便可达到**安抚顾客焦躁情绪**的效果，即使计算出错，也能协助抑制顾客的愤怒，使其迅速冷静。不经常使用的物品应放在收纳盒或抽屉里。

收银台是顾客的评分场所

顾客在付款时，会将支付的金额与当天在店内获得的满足程度进行对比，由此评判店铺是否值得再次光顾。因此，**收银台也应是让顾客头脑冷静的场所。**

为了让顾客付款时继续保持愉悦的心情，体现店铺收款时的郑重感，**现金托盘应选择具有高级感的色彩。**

一般来说，对红色与酒红色、橙色与褐色、绿色与深绿色、蓝色与藏青色进行对比的话，会发现**浓重深厚的色彩更能表现出高级感。**而当店铺的氛围、形象与高级感强的色彩不匹配时，我们可以在现金托盘的材质上花心思。

重视现金托盘的店铺并不多，因此精致考究的托盘更能吸引顾客的目光，留在顾客的潜在记忆中。尤其是女性，遇到平时难得见到的事物，即使是一件极小的物品，也能让女性感受到店铺的讲究与品位，提高整体评价。

为了让女性顾客在最后也能获得满足感，对于现金托盘等我们平时甚少关注的细节，也要再三甄选。

店铺名片应放在色彩醒目的容器内

希望顾客主动拿走店铺名片时，应将其放置在比收银台色彩更醒目的容器内。**在协调统一的背景色中，若容器的色彩格外显眼，顾客的目光便会不由自主地被吸引。**如此一来，无需员工刻意出言提醒，顾客也会主动拿走店铺名片。

若店铺名片本身的色彩十分鲜艳夺目，则用透明容器盛放即可。

用季节性色彩增强收银台的趣味性

虽然收银台的色彩需要和谐统一，但要避免整体效果单调乏味。收银台作为迎接、送别顾客的重要场所，希望至少能获得顾客的一次关注。我们可以利用季节性花朵或摆件来装饰，增强华丽感。女性对可爱的花朵或饰品会有积极回应，甚至**在交谈中提到**"好漂亮的花""快到女儿节了呀"等内容。

女性喜爱交流，**能在交谈中对店铺产生亲近感，产生再次光顾的想法。**

为了能让顾客一直保持愉悦的心情，获得"料理很美味，还会再来"的评价，我们应灵活运用季节性色彩装饰收银台。

由于收银台空间狭小，一旦凌乱将很难让人忽视。我们应从易于着手的部分开始对收银台进行改良。

06 将洗手间打造成宽敞舒适的空间

　　洗手间也是在店内设计上容易被忽视的重点区域，但也是决定顾客满意与否的重要空间之一。其实，精心打造这一空间，能为店铺赢得不少回头客。因为在整个店内，洗手间是唯一能让顾客独处的私密空间。

　　例如，与恋人一同前来用餐的女性顾客若离开座位去往洗手间，决不仅是为了上厕所，还会利用这个空间检查自己的仪容，如是否脱妆，服装是否凌乱，嘴边是否沾到残渣等。

　　正因为如此，对于餐饮店的洗手间不仅要保证清洁，更要精心设计，**将其打造成女性顾客能够安心检查仪容、调整精神状态的舒适空间。**

　　接下来，我将对大受女性欢迎的洗手间空间设计进行详细说明，为大家介绍重要的配色技巧。

亮色系搭配能使狭窄的空间看起来更宽敞

　　洗手间是唯一能让顾客独处的私密空间，尽量营造宽敞舒适的氛围虽然很重要，但并不表示我们一定要对狭窄的空间进行大规模改造。

色彩分别具有色相、明度、强度等特征，既有使物体视觉效果膨胀（更宽敞）的色彩，也有使物体视觉效果收缩（更狭窄）的色彩，既有看起来距离更近（前进）的色彩，也有看起来距离更远（后退）的色彩。将这些色彩的特性灵活运用到空间设计中，能使洗手间看起来更宽敞。

空间较狭窄时，**天花板、墙壁、隔扇的色彩以亮色系为宜，减少暗色系带来的压迫感，使空间显得更宽敞。**

墙壁或天花板的色彩为暗色系时，压迫感十分明显，狭窄的空间更显局促。

白色或亮色系的天花板、墙壁能让狭窄的空间产生膨胀感，看起来更宽敞。

通常，用亮色系天花板搭配安定感较强的暗色系地板，是室内空间设计的基本模式。不过，若洗手间的空间较小，也可将地板设计为亮色，增强开阔感。

若地板色彩较暗，空间感觉狭小，可通过装饰亮色观叶植物或浅色花朵等方式来使空间感觉更宽敞。

白色是膨胀色的代表，黑色是收缩色的代表。因此，狭窄的空间需要使用融入白色元素的明亮色彩，制造比实际面积更大的空间感。

墙壁或天花板的色彩为暗
色系时，压迫感十分明显，
狭窄的空间更显局促。

白色或亮色系的天花板、
墙壁能让狭窄的空间产
生膨胀感，看起来更宽敞。

狭小的洗手间应避免使用暗色系色彩，**将壁画、装饰品、窗帘等换成亮色系也能明显减轻空间压迫感，视觉上更显宽敞。**

另外，洗手间会让人联想到水，统一使用纯白色或天蓝色，虽然有放大空间的效果，但也会给人留下冷冰冰的印象。

这种清凉感在夏季虽然合宜，但在冬季会让人倍感严寒，因此，对比纯白，同属白色系的象牙白或米白更显柔和；对比缺乏温度感的绿色和紫色，加入白色进行调和的淡绿色或薰衣草紫更适合洗手间设计。

利用蓝、蓝绿、蓝紫等色彩增加进深

对于进深较短的空间，我们可**通过蓝、蓝绿、蓝紫的合理搭配在心理上增加进深，让空间距离看起来更长。**

例如，看到森林、大海、夜空时，我们会产生不断向深处推进的感觉吧？因此，蓝、蓝绿、蓝紫等色彩被称为后退色。

相反，红、橙、黄等色彩则会产生不断向前逼近的感觉，被称为前进色。空间进深较短时，过量使用红、橙、黄等色彩会让人产生压迫感。

希望洗手间的空间看起来纵深更长（更广）时，可在墙壁上装饰大海或天空的风景照、海报等，或用绿色观叶植物、蓝色、蓝紫色花朵装饰洗手间开门正对的墙壁、地板，在视觉效果上增加进深。

此外，由于**蓝、蓝绿、蓝紫等色彩还有安定心神，使人放松的效果**，因此利用这些色彩还能将狭窄的洗手间打造成放松身心、恢复精神的治愈空间。

有些读者或许会感到疑惑：上文不是说洗手间更适合亮色系吗？蓝、蓝绿、蓝紫等色彩确实会给人留下冰冷的印象，若为增加进深而只用这些色彩，难免缺乏暖意。不过，若搭配浓重的红色或橙色，好不容易营造的宽敞感又会被破坏，因此，搭配暖色系时，最好选择经白色稀释过的淡粉或淡黄色，通过柔和的浅色调减少空间压迫感，兼顾狭窄空间的进深和温度感。

07 : 将洗手间打造成 有趣时尚的场所

上一节介绍了使洗手间看起来更宽敞的配色效果及方法。本节主要针对如何利用洗手间的色彩搭配取悦顾客、获得顾客好感、传递店铺与众不同，进行说明。

大多数店铺并不会在洗手间的设计上用心。只以干净清洁为目的，配色随意、枯燥乏味的洗手间随处可见。在这种情况下，每当看到时尚有趣、颇具品位的洗手间时，我们甚至会产生感动的情绪。

对于打动自己或让自己感到满足的事物，女性往往会产生与人分享的冲动。遇到别具一格的卫生间时，女性会将**"那家店的洗手间特别时尚精致"**等评价向身边的人传播。

我们通过一家有趣的网站可了解女性对洗手间的看法，由株式会社 LIXLL 负责开展问卷调查，分析女性对自家洗手间的看法（http://inax.lixil.co.jp/onna-gocoro/report/）。

女性将洗手间看作是一个独立的房间。用喜爱的壁画或摆件装饰，像装饰自己的房间一样精心设计洗手间的男性占

16.2%，女性则多达 30.7%，女性比男性更享受按自己喜爱的风格装饰洗手间的乐趣。

根据这项调查结果，我们可以看出，时尚、精致的洗手间无疑更能博得女性的欢心。那么，我们要怎么做才能将洗手间打造得精致考究呢？

契合店铺整体氛围

对洗手间的风格设计犹豫不决时，我们首先应考虑与店铺整体氛围的契合度。**洗手间应是店铺整体风格的延伸。**

若您的店铺为日料居酒屋，属于稳重端庄的日式风格，那么窗帘、百叶窗、壁画、海报、毛巾等用于装饰洗手间的物品也应统一成日式风格。将花器或洗脸台上摆放的香皂托盘换成陶瓷类，在窗户上悬挂竹帘，壁画或海报的内容设计为日本风景或日本传统画，一间日式风情浓郁的洗手间便改造完成了。还可将精美的日式棉手巾用木制边框镶嵌后进行装饰。

洗手间的装饰或物品的色彩，若与店铺整体的风格协调统一，那么料理、座席、洗手间等各个**细节均能让顾客感受到店铺的精益求精**，不仅能展现店主的品位，还传达了重视顾客体验、重视店铺形象的信息，提升店铺价值。

合理用色、灵活配色，在设计上赋予一定的变化，能使洗手间的氛围焕然一新。在"用色"和"配色"上感到棘手时，不妨先从洗手间与店铺整体风格的契合度着手，思考最佳的设计方案。

备用卫生纸也需精心布置

有的店铺虽然很重视洗手间装饰与整体风格的统一，但备用卫生纸却随意摆放在水箱或架子上，外观看起来缺乏美感。

洗手间是顾客独处的唯一场所，**顾客通常会仔细打量洗手间的各个角落。**即使内部打扫得一尘不染、布置得雅致大方，若备用卫生纸的摆放过于随意草率，无疑会破坏整体的空间效果。

而且，备用卫生纸应**摆放在顾客蹲下后视线可触及的范围内**，让顾客感到亲切安心。

我们可巧妙利用时尚精致的小筐或托盘，在备用卫生纸的摆放上多花心思。小筐或托盘可在杂货店等场所购买，以放入 3 卷备用纸的大小为宜，选择符合洗手间风格的样式。

老家的牛肠火锅店为日式风格，为了使洗手间的风格与之保持统一，我们精心挑选了藤条编制的小筐，将 3 卷备用卫生纸摆成金字塔的形状，并用当季花朵装饰周围。随着季节的变迁适时更换花朵，让顾客享受季节更迭的乐趣。

利用反差效果牢牢吸引女性顾客

上文主要针对打造与店铺风格统一的洗手间进行了说明，本节将重点介绍如何营造与店铺风格截然不同的洗手间氛围。洗手间属于独立的空间，设计成迥然于店铺空间的氛围，强调其趣味性也是不错的选择。

尤其是对难以抗拒反差效应的女性顾客而言，在进入洗手间的一瞬间，看到出乎意料的装饰风格，想必很难保持沉默。 回到座位后，一定会跟同伴分享："这家店的洗手间很有意思，快去看看！"

有一家意式餐厅的洗手间给我留下了很深的印象。这家餐厅以象牙白的土墙为背景，搭配天然木材制造的家具，整体洋溢着清新自然的氛围。

然而，洗手间的风格与之大相径庭。墙壁刷成了淡粉色，洗手台则用金色拉门和装饰品点缀。

进入洗手间的一瞬，我被眼前奢华富丽的氛围深深打动，甚至发出"哇！呀！好厉害"的惊叹。

洗手间的镜子装饰着金色镶边，充满童话气息，仿佛在灰姑娘的故事里登场，我在镜子前驻足微笑，在浪漫的氛围中沉浸许久。棉签、化妆棉、漱口水等补妆、清洁用品的容器也是金色的，棉签、化妆棉等虽随处可见，但在精美容器的烘托下，显得别具特色，让人产生既想用、又舍不得用的兴奋感。

回到座位后，我忍不住立刻催促朋友："快去洗手间看看"，强行让不想上厕所的朋友前往洗手间。而朋友待在里面的时间也不短，看来也和我一样，被洗手间的氛围牢牢吸引住了。

根据这次经历，我也深切地感受到，原来可以将洗手间打造成与店铺风格截然不同的独立空间，给顾客带来更多乐趣。

通过改变照明效果来营造气氛

仅改变照明效果，也能让洗手间的氛围面目一新。举例来说，建材超市与百货商店都有红、黄、蓝等色彩缤纷的灯泡销售。价格在 300 日元左右。若洗手间的装饰品较少，或缺乏趣味性，我们可以**用彩色灯泡营造时尚氛围**。

洗手间作为独立空间，既可以与店铺整体氛围保持一致，也可以设计成顾客意料之外的其他风格。无论选择哪一种，关键在于**确保洗手间内部装饰的协调统一**。这样才能获得女性顾客对店主或店铺品位的肯定。

若能将狭窄的洗手间打造成别出心裁、独具特色的时尚空间，那么顾客回到座位后或许还会主动向我们提出各种问题。

08 将洗手间打造成促销场所

上文已经提到，洗手间是顾客唯一的私密空间。同时，对女性而言，洗手间也是整理仪容、调整精神状态的重要场所，应具备让人放松身心的效果。

另外，女性对精致可爱的小物件情有独钟，花朵或精美的装饰品能让女性感到欣喜。而且，**发现一件精巧别致的物品时，女性还会关联到其他地方，仔细查看周围**，产生寻宝一般的兴奋情绪。

人是很有趣的动物，当视觉捕捉到令自己感兴趣的事物时，会立即向大脑传递信息，激发身体机能，**接连不断地追寻感兴趣的新事物。**

另一方面，在粗俗乏味的空间内，视觉上缺少有趣信息的刺激，大脑也会陷入漠不关心、毫无反应的状态。顾客的情绪也会受到洗手间的影响而冷却，回到座位上后就会很快产生"差不多该回去了"的想法。

正因如此，我们才要将洗手间布置得时尚精致。

不过，若将装饰品毫无目的地随意摆放，其实意义不大。

用装饰品吸引顾客的视线，形成"聚焦点"尤为重要。

聚焦点是指视线最为集中的"点睛之处"，如墙壁上装饰的绘画，架子上摆放的花朵等，用以点缀空间，吸引人们的目光。

接下来，我将对聚焦点的使用方法进行详细说明，营造和谐安宁的洗手间环境，利用小件装饰品的色彩加以点缀，吸引顾客的视线，博得女性顾客的青睐。

务必确认顾客视线停留的位置

在顾客上完厕所或洗手时，我们应在其视线停留的位置用小物件进行装饰。

在卫生纸筒、毛巾架、洗脸台、门、面积较大的墙壁等场所制造聚焦点。

为此，**我们必须站在顾客的角度，亲自模仿一遍顾客在洗手间的举动。**男性店主尤其要亲身实践。

许多店铺会在马桶的后侧装饰绘画或海报，但这些装饰若不能进入顾客的视线也是徒劳，装饰品应设置在顾客的正面。

具体而言，装饰品应设置在女性顾客蹲坐的正面，或男性顾客站立时的正面，确保进入顾客视线。

在视线聚焦的位置发布信息

店铺的推荐菜品、希望顾客了解的优惠信息可发布在由色彩制造的聚焦点周围，能起到很好的宣传效果。

利用色彩聚焦视线进行促销

顾客的目光在聚焦点上停留时，周边的信息也会自然而然地一同进入视野。洗手间比店内环境更能让顾客放松心神，**仔细阅读宣传信息的内容**。

　　老家的牛肠火锅店用了许多和风饰品进行点缀。虽然准备了一次性纸巾供顾客擦手，不过还是在毛巾架上挂了一块日式棉手巾作为装饰。旁边的空白处贴着 POP 广告，上面写着卷心菜和韭菜的功效，为顾客提供话题。

　　棉手巾采用藏青、胭脂红、芥末黄等沉静大方的配色，绘有和风图案，用来吸引顾客的目光，事实上，阅读棉手巾旁粘贴的 POP 广告的顾客也明显增加，从洗手间回到座位的顾客大多会点卷心菜和韭菜等配菜。而且下单的顾客以女性居多。

　　对于牛肠火锅店来说，卷心菜和韭菜属于处理方便、上菜效率高的食材，下单率提高着实令人高兴。

　　不同色彩的装饰品不能毫无目的地随意布置。我们要用装饰品的色彩留住顾客的目光。

　　人会在无意识中追寻色彩，并在发现视线的凝聚点后产生安心感。原因在于视线集中在焦点上，人能从容地记忆信息。

　　找到让人集中视线、定住目光的聚焦点之后，人们通常会尝试搜寻下一个聚焦点。色彩在不知不觉中对顾客视线的诱导效果是如此显而易见。

09 让百元店^①的廉价装饰品 展现高级感的配色技巧

在现在的百元店可以买到常备工具、装饰品等各类物品，十分便利。例如，文具、餐具、厨房用品、收纳用品、室内装饰品、清扫工具等。我本人也是百元店的常客，看到物美价廉的商品，冲动之下总会购买许多实际并不需要的物品，买完后又感到懊悔。我们可以有效利用百元店的商品，在不浪费资金的情况下打造时尚精致的店铺。

百元店的廉价装饰品也能让女性顾客发出这样的感叹："咦？这竟然是百元店里买的？完全看不出来！好漂亮！"

那么，接下来我将详细介绍百元店商品的挑选秘诀。

寻找与店铺风格相符、种类齐全的百元店

百元店的类型很多，不同店铺经营的商品也大相径庭。既有主打自然清新的风格、以天然材料制造的杂货类商品为主的

---

① 百元店：商品统一为 100 日元的店铺，以物美价廉、品种丰富、连锁经营为卖点。

店铺，也有重点经营色彩丰富、琳琅华丽型商品的店铺。不同类型的店铺对商品的侧重点也各不相同。

我们首先要调查哪家百元店的商品与自家店铺最相称。

在网上搜索关键词"百元店"，就能浏览各类店铺经营的商品。便于我们在购买之前对商品的色彩、形状或大小等进行确认。提前搜寻所售商品与自家店铺氛围最相符的店铺。

通过统一色彩来营造高端感

要让室内装饰看起来更高端，我们必须**对色彩进行统一。**用色数量较多且布局散乱时，外观上会给人留下不齐整、凌乱无章的印象，影响整体美观。

厨房尤其容易显得杂乱无序，必须对常用品的色彩数量进行限定。例如，勺子、大碗、滤水篮等选用橙色，调味料的收纳瓶选用白色。

决定色彩数量后，通过色彩的统一能提升百元店商品的视觉效果，使整体外观看起来更清爽利落。难以完全协调同一种颜色时，可用红色搭配其他红色系商品，蓝色搭配其他蓝色系商品，在色系上进行统一。色彩搭配一致，能使厨房看起来更加有序美观，有利于员工集中注意力，提高工作效率。

挑选的重点并非商品，而在于色彩

百元店的商品种类繁多，难免让人眼花缭乱。买到的商品与店铺氛围不匹配而被闲置，恐怕大家都有类似的经历吧？为了防止出现这种情况，我们**必须提前确定想要搭配的色彩**。定好色彩之后，直接将色彩作为购买商品的标准，若没有想要的色彩则放弃购买。这种方式可以有效地防止浪费。在百元店，要根据色彩来挑选商品。

模仿百元店的搭配

部分大型百元店的官方网站会在常规商品页面之外，开设利用百元店的低价商品打造高端内饰效果的**每月搭配**专栏。

搭配所用的商品均为实际在售的商品，因此色彩的印象与氛围可让人一目了然，便于我们学习百元店商品的时尚搭配技巧。另外，**精心展示商品搭配效果的实体店也有不少**。我们也可以前往店内学习模仿其搭配效果。

为低价商品增添点缀色

百元店的商品经过一些小改造便能转变为独创性装饰品。**百元店里还有品种繁多的手工艺材料销售。**例如，冬季在玻璃花瓶上缠毛线，让冰冷的玻璃瓶看起来更温暖。将毛线改成白色蕾丝则赋予人清凉的印象，适合用于装饰夏季的花瓶。用毛线或蕾丝点缀同一个花瓶，就能带给人冬、夏两种截然不同的季节感受。

将毛毡裁剪成心仪的形状，制成店铺独创的杯垫或盘垫，也能为餐桌添彩，增加趣味性。

从百货商店或专卖店中积累经验

挑选百元店低价商品的关键在于，**选出看起来不像 100 日元的商品。**要选出外观上更显格调的商品，我们必须经常光顾百货商店或专卖店，在实践中提高审美。

通过这种方式，能提升我们对商品色彩或品质的敏感性。例如，看到百货商店或专卖店的高档商品，产生"这能用百元店的商品来代替"等联想，反过来，看到百元店的商品，感觉"这与○○百货商店卖的商品很像，可以买"，逐渐把握挑选商

151

品的秘诀。

购买百元店的商品不能图"便宜"，而要以"看起来不像100 日元的低价商品"为标准，需要我们从百货商店或专卖店中不断积累经验。

第 7 章

餐饮店要大胆
运用色彩搭配

01 ：活用粉、红、橙、黄等色彩，增加女性聚会、宝妈聚会的回头客

　　近来，参加女性聚会、宝妈聚会的女性越来越多。有的聚会讲究在安静优雅的环境里尽情享受美食，有的聚会倾向于在热闹喧嚣的氛围里开怀畅谈。

　　我也经常举办女性聚会，所选的店铺具有一个共同点，即氛围轻松明快、易于产生亲切感。**在宣传单或立式广告牌中运用粉、红、橙等色彩，可让人产生"这家店或许很受女性欢迎""或许有女性专享菜品"等期待感，从而用手接过宣传单或走近广告牌查看。**

　　对粉、红、橙等色彩做出反应的绝对不止我一个。举办色彩讲习班时，我对学员喜爱的色彩进行了调查，发现女性喜欢的色彩大多为粉色、红色、橙色等。

　　根据大家的回答，女性喜欢这些色彩的原因在于，粉色具有女性气质，能带来幸福和憧憬。红色具有勃勃生机，能激发积极向上的情绪。橙色让人联想到太阳，使人精神饱满、充满欢乐。

　　那么，在选择店铺时，女性究竟为何会对粉、红、橙等色

彩情有独钟呢？

举例来说，现在的学生双肩包虽然色彩多种多样，但在以前，女孩的双肩书包统一采用红色，男孩则为黑色。洗手间的标志也按红色或粉色代表女性、黑色或蓝色代表男性来区分。另外，女性化妆品中的口红、腮红等也以粉色系、红色系、橙色系居多。

由此可见，**女性容易对粉、红、橙等色彩产生亲近感和安心感。**

事实上，制作"女性聚会专享套餐""宝妈聚会精选"等菜品的店铺也越来越多。为了从女性聚会、宝妈聚会的参与者中留住回头客，我们就必须让顾客感到满意。

那么，接下来我们需要考虑的便是如何利用这些色彩的特性取悦顾客。

首先，我们可以有意识地用粉、红、橙等色彩装饰料理，增强菜肴的豪华感。

其次，将这些色彩灵活运用在桌布、餐巾、餐桌装饰花或其他小件物品上。彻底改造餐桌或许很难，但我们可以在女性聚会、宝妈聚会的预订座位上，装饰一朵粉色或橙色的花朵，也可以选择更换餐巾或桌布的色彩，让顾客感受到特殊待遇，尤其能博得女性顾客的欢心。

若店铺专门准备了女性聚会、宝妈聚会等套餐，务必在店门口的立式广告牌或传单上，利用粉、红、橙等色彩使之更醒目。

色彩具有情感倾向，**对于同样的粉、红、橙等色彩，色度较深时，给人高雅大方、成熟端正的印象；色度较浅时，给人轻松明快、亲切温馨的印象。**

我们可以根据女性聚会、宝妈聚会套餐的价格或内容精心选用合适的色彩，例如，使用紫红色、酒红色或柿子红搭配豪华套餐，用淡粉色、朱红色、暖橙色搭配随心优惠套餐。

宝妈聚会时，若携带了儿童，则**务必加入大受儿童喜爱的黄色元素**。黄色能让人联想到小鸡、蒲公英、向日葵等儿童熟悉的事物，且据说黄色是儿童能记住的第一种色彩。因此，对于儿童来说，黄色还是能带来欢乐的色彩。

例如，我们可以为儿童准备黄色或带黄色图案的碗碟、叉子、勺子等餐具，让跟随妈妈一起进店的小朋友也能开心吃饭，将体贴周到的服务和心意传达给顾客。将儿童视为店铺未来的重要潜在客户。

用餐时间过长会让儿童感到无聊乏味，逐渐变得焦躁不安。但对于妈妈来说，用餐时间过短既难以满足口腹之欲，又无法聊得尽兴。

红、橙、黄等色彩属于兴奋色，能激发兴奋高昂的情绪，提高交谈、用餐的速度，使顾客很快产生饱腹感。由于在短时间内消耗的热量较多，即使实际只经过 1 个小时，也能让顾客获得足足 2 个小时的满足感。

对于店铺而言，顾客在短时间内迅速得到满足，有利于提高周转率，可谓一举两得。此外，这些色彩不仅能激发兴奋情绪，还具有促进食欲的特性，增加顾客大量下单的概率。这些色彩不仅能让喜爱热闹喧嚣的顾客更加享受店铺氛围，在女性和儿童中也能获得极高的人气。

部分店铺谢绝携带儿童，对比之下，允许携带儿童的店铺无疑更受妈妈们的欢迎。游乐场或大型超市的儿童乐园、快餐店或家庭餐厅在配色设计上都会有效利用兴奋色，可留心观察。

让顾客感到开心、满足，必然能增加店铺的回头客。女性是口碑宣传的高手，很有可能让我们的店铺在女性聚会、宝妈聚会的人气候选中榜上有名。

针对女性聚会、宝妈聚会等团体性服务，我们需要灵活使用粉、红、橙、黄等色彩。

02 蓝色或紫色真的
不适合餐饮店吗

有的读者或许听说过"蓝色或紫色会让食欲减退"的说法。甚至还有人带上蓝色墨镜用餐，以让食物看起来毫无诱人之处，以此抑制食欲并起到减肥效果。蓝色或紫色作为降低食欲的典型色彩而闻名。

为何蓝色或紫色具有抑制食欲的效果呢？这是由于根据蓝色或紫色能联想到的自然界事物（动植物）非常稀少。因此，人们往往认为享用大自然恩惠的餐饮店不适合这些色彩。

然而，若配色设计合理，蓝色或紫色也能在餐饮店大放异彩。首先，我们需要思考蓝色或紫色的相关事物。

【蓝色赋予的印象】

天空、大海、水、凉爽、寒冷、清凉、冷静、信誉、诚实、寂静、新鲜、鱼类等

【紫色赋予的印象】

高贵、高尚、优美、妖艳、成熟、绣球花、茄子、葡萄、红酒等

由蓝色和紫色产生的联想主要有以上几种。

色彩必然具有正面和负面两种效果。我们可以根据联想到的事物，积极发挥蓝色或紫色产生的正面效果。**经营新鲜海产类或高端酒类的店铺可使用蓝色，塑造典雅高贵风格的店铺可使用紫色来进行搭配。**

以"产地直达、新鲜海产料理"的广告牌为例，您认为红色和蓝色哪种更适合呢？答案显然是蓝色。蓝色的广告牌能体现原材料的鲜度，让看到的顾客产生"想吃"的冲动。相比之下，红色的广告牌显得气闷燥热，无法向顾客传达鱼类等食材的鲜活感。

蓝色让人联想到大海和天空，可谓是**日本人最喜爱的色彩之一**。不经意间映入眼帘的蓝色还能让人倍感安心。

在炎热的夏季，将湿毛巾或开胃小菜的碗碟换成蓝色，能给刚进店的顾客带来凉意，供顾客擦汗，让顾客感到舒心惬意。暖色和冷色在体感温度上能造成 2~4 度的差距，店内装饰的花朵也可替换成蓝色系。

具有夏日清凉感的冷盘菜品宣传单或 POP 广告也可采用蓝色，加深料理清新爽口的印象。

餐后甜点或茶水也可搭配淡蓝色器皿或杯具盛放，舒缓饱腹感，放松心情，让顾客安心享受最后的美味。

　　蓝色可细分为很多种类。在蓝色中加入白色（淡蓝色、粉蓝色），明度增加色度减淡，给人清新凉爽的印象，加入灰色呈现沉稳庄重的和谐色调，加入黑色（藏青色、靛蓝）给人端庄肃穆的高级感。

　　圣诞色以红和绿的搭配为代表，其实**深蓝色（藏青、靛蓝），与金色或银色的组合也属于非常典型的圣诞配色。**与红绿搭配相比，深蓝与金银色的组合更能营造高雅豪华的氛围。

　　另外，蓝色为后退色，具有增加进深的效果。在狭窄的空间内点缀蓝色系的小饰品，能减少压迫感，使空间感觉更大。因此，狭窄的洗手台或洗手间等区域适合使用蓝色。不过，蓝色在冬季会加剧寒冷感，使用加入少许黄色元素的土耳其蓝更适宜。需要注意的是，整个空间若统一使用蓝色系，或只用蓝色系饰物点缀，可能导致氛围过于冰冷，需要添加其他色彩来缓和。

　　至于紫色，通常给人高贵典雅的印象，使用起来有一定的难度。但若搭配得体，便能营造高端雅致之感。

　　紫色具有红色和蓝色的双面特征，散发着神秘气息，给人留下不可思议、难以捉摸的特殊印象，大部分女性都会在不知不觉间被其吸引。因此，**以稀有价值较高的原材料制成的菜品可用紫色来体现**。例如，对于"极难到手的梦幻之酒"，我们可用紫色加以强调，使其更醒目。

紫色也可细分为许多种类，淡紫色（薰衣草紫）具有舒缓心神的效果，紫红色则散发着奢华富丽的气息。例如，接到女性顾客的预约时，在餐桌上装饰紫红色的餐具垫或花朵，能让顾客感受到**与众不同的气氛**。

统一使用浅紫色给人雅致精巧的印象，统一使用深紫色则给人高尚华贵、端庄富丽的感受。

在色彩的搭配方面，浅紫色×淡粉色＝优雅、深紫色×金色或银色＝奢华，不同的配色营造出不同的氛围。无论哪种配色都以精致考究为重，对于女性而言，**紫色能使她们感受到一段不同寻常的时光**。

总之，蓝色或紫色与食物直接关联时，可能会导致食欲减退，但若有效利用这些色彩的特性，也能引发女性顾客的兴趣，博得她们的好评，无需将其视为餐饮店避之不及的色彩。我们也可在自家店铺中大胆尝试这些色彩，赢得女性顾客的支持。

03 以低价为卖点的店铺更要利用色彩提高店铺价值

物美价廉的店铺数量繁多，要提高女性顾客的进店率，除了便宜好吃外，我们还要注意店铺环境的时尚美观。

女性对美味的感知包含了店铺氛围。因此，若店内装潢或饰品缺乏协调统一感，不够精致美观，那么店铺只会给顾客留下廉价的印象，难以让顾客感到"美味"。

假设某位男士邀请女士去一家便宜好吃的店铺共同进餐。男士觉得这家店十分美味，很想请女士一饱口福。然而，在某些情况下，女士不仅感受不到料理的美味和价值，甚至还会大失所望。

究其原因，**女性收到共同就餐的邀请时，无论对方是男性还是女性，都会精心打扮。**然而，若店铺看起来廉价粗糙，脏乱感明显，那么女性会将店铺的印象视为自身的价值。

不过，对于物美价廉但环境欠佳的店铺，女性也并非完全拒绝。前不久，一位女性朋友约我一起吃饭。在犹豫该去哪家店铺时，朋友说："早苗，我知道一家特别便宜又好吃的店子，去不去？不过这家店的环境特别差，可以吗？装修真的没什么品位，你介意吗?"再三征求我的意见。对于女性而言，店铺的氛围确实不容忽视。

　　店内环境时尚精致、和谐美观的店铺，在装潢上投入了更多的资金。如此一来，**即使料理的价格低廉，也能让顾客感受到更高的价值，带来更多的优惠感。**

　　若您的店铺风格凌乱，色彩分散混杂，色调上缺乏美感，装饰乏味无趣，那么我们首先要做的便是明确店铺的风格（确定店铺风格可参考第 2 章第 2 节）。继而根据店铺的风格整理出合适的色彩进行装饰。

　　例如，打造自然风、现代日式、南国风等不同风格时，所需的色彩也各不相同。

　　确定店铺风格的同时，所需的色彩也可基本确定，因此能够避免购入与店铺风格不匹配的装饰品或用具，减少资金的浪费。相反，若对店铺风格犹豫不决，看到便宜的东西就想买，只会让闲置物品不断增加，导致店铺看起来更凌乱，缺乏齐整划一的利落感。

　　即使是价格低廉的小饰品，只要与店铺的整体风格相符，便不会让人产生廉价感，而会在店铺的氛围营造上发挥作用。

　　例如，若要将店铺氛围统一为南国风，我们可运用多种方法确定合适的形象色彩，**如在网上搜索"南国风装修"，能找到**

不少南国风的家具或装饰壁画，并将其与店铺的氛围或形象色彩相结合。当然，书籍杂志等也可作为参考。

如此一来，我们便能发现"装饰深绿色观叶植物能增强南国风情"等特点，挑选最适合店铺风格的装饰物。无需高价家具或饰品，风格一致的色彩点缀同样能让店铺洋溢着时尚精致的气息。女性尤其易受时尚优雅氛围的影响，协调统一的整体风格更能加深她们对店铺的印象。

因此，越是以低价作为卖点的店铺，越需要利用色彩统一店内风格或氛围，提高顾客满意度。我们要以打造时尚精致、大受女性欢迎的高品位人气店铺为目标。

04 学习大阪大妈，发挥"小小糖果不容小觑"的色彩效应

　　"大阪大妈的包里总是装着糖果"的说法现已闻名全日本。其实，从我的经历来看，糖果还是取悦顾客、提供优质服务的重要道具。

　　我开设了一家色彩培训班，班上的学员大多为女性，年龄层从20多岁至50多岁不等，涵盖面非常广，我与她们交流过各种各样的话题。

　　当时，一位30多岁的学员向我倾诉了她的烦恼。见她情绪格外沮丧低落，我寻思着有没有让她重新打起精神的好办法，忽然想起为带小孩的学员准备的棒棒糖，于是决定送她一颗。

　　结果，这位学员立即发出"好可爱！超开心"的感叹，表现得很惊喜。虽是30多岁的成熟女性，但面对五彩缤纷的棒棒糖时，依然快乐得像孩子一样，"选哪个颜色呢？""好纠结啊！""粉色是草莓味吧？"认真地做出选择。"就选它！"最终选定时，她仿佛中了大奖一般，露出一副心满意足的神情。

　　正巧没过多久，经营牛肠火锅店的母亲向我咨询："有没有什么好办法能吸引女性顾客再次光顾呢？"我便想起了棒棒糖的

故事。

　　于是，母亲便在顾客买单时，饱含谢意地向女性顾客递上棒棒糖。效果出乎意料，大受女性顾客欢迎。

　　一颗彩色棒棒糖，能为顾客带来获得的喜悦、选择的喜悦和享用的喜悦。

　　糖果效应还有助于加深与顾客的交流。"请您选一颗吧。""谢谢。选哪种颜色好呢？" 自然而然地展开对话。

　　尤其是带颜色的糖果，顾客还会主动询问："这是草莓味吗？"我们也能借此向顾客说明："黄色是柠檬味，绿色是蜜瓜味。"

色彩缤纷的糖果能增加选择的乐趣

选哪一颗好呢？

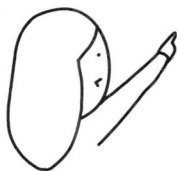

按颜色选
按口味选
按大小选

这里虽以糖果举例，但我们可用其他商品或服务进行尝试，活用色彩，为女性顾客提供选择的乐趣和喜悦。

顺便一提，我们当时试了很多类型的糖果，结果最受欢迎的还是棒棒糖。为何棒棒糖的人气最高，我想原因在于它能让顾客回忆起小时候吃的棒棒糖，从而产生怀旧、欣喜的情绪。取悦女性顾客需要我们花一些有趣的小心思。

05 ⬡ 赞美顾客，利用
⬡ 色彩加深交流

"白色搭配很适合您，非常显气质。"

去一家餐厅吃午饭时，一名员工对我说了这句话。这让我感到很开心，立即对店铺产生了亲近感。这家餐厅的员工在赞美顾客方面很有一套，尤其善于根据顾客的外表、随身物品或服装说出赞美之词。

"白色夹克衫很适合您。白色的搭配很衬气质。"

"您的项链真好看，让人赏心悦目。"

没有人不喜欢被赞美。**随身物品、服装、外表得到赞美时，我们本人也会变得更加自信。**

受到餐厅员工的赞美时，同行的熟人跟我说："池田小姐，原来这家店你经常来呀。这里的员工好像都很喜欢你，真让人羡慕。"我的个人价值在无形中得到了提升。而这位熟人也希望通过这家店，得到跟我一样的特别待遇，产生再次光顾的想法。

对于店铺方面而言，赞美顾客有许多好处。例如与顾客自然而然地展开对话，了解顾客的职业或住址等多种信息。

顾客对赞美自己的店铺员工容易产生信任，愿意与员工加深交流。如此一来，我们能在对话中**获知顾客的姓名。**并在顾客再次光顾本店时，在"欢迎您"的后面加上一句"○○先生/女士，我们一直恭候您的光临"，**让顾客感受到特殊待遇，产生再去一次的想法。**

不知道该如何赞美顾客时，我们可将重点放在服装或随身物品的色彩上。

"白色搭配看起来很清爽。"

"您的项链很耀眼，既华丽又优雅。"

通过赞美色彩加深交流的对话示例

观察顾客所穿的衣服或随身物品的色彩，献上一句赞美……

红色 既华丽又漂亮。今天有什么值得庆祝的事情吗？

黄色 看起来好显年轻啊。真让人羡慕。

蓝色 给人的感觉很清爽呢。最近瘦了吗？

粉色 衬得皮肤看起来特别好。有什么护肤秘诀吗？

褐色 今天看起来很显气质。给人的感觉很优雅。

用这种方式赞美顾客的服装或随身物品的色彩，能让其产生被赞美自身的感受。正因为是自己喜欢而购买的商品，在获得旁人的赞美时，女性会变得更加自信，甚至主动传播口碑，向朋友或熟人推荐："○○餐厅的员工说我的衣服很好看。午餐的味道也很好，挺不错的店。"

06 ⬛ 远离黑色，吸引
更多女性顾客

我们在日常生活中遇到的人都是店铺的潜在顾客，即待发掘顾客。因此，若我们私下里能给人留下良好的印象，让人对店铺的氛围或风格产生期待，便可提高顾客进店的可能性。

服装的色彩会对个人形象产生很大的影响。女性更注重服装的品牌，而对男性服装来说，品位比品牌更重要。

我所从事的个性化色彩诊断是指根据个人的皮肤、眼睛、头发的色彩，对最适合自己的色彩进行分析判断。找到最适合自己的色彩，选择这种色彩的服装，能使人看起来更健康，更显年轻，更加充满活力。外在形象改善后，我们在人际交往中也能愈发自信。

近来，不少男性经营者或推销员为了提高个人形象，前来向我咨询。问到他们平时最常穿的服装颜色时，得到的回答以黑色、灰色和藏青色为主，且穿黑色服装的男性占绝大多数。他们给出的理由是"黑色是最让人无可厚非的色彩"。

然而事实上，**黑色并不是无可厚非的色彩，而是最难穿搭的色彩。因为黑色属于无彩色，不具备个性特征，具有消除个**

性的效果。

用黑色包裹全身上下，会给人留下面无表情的印象，形成可怕的压迫感，甚至让人产生闷热焦躁或不洁净的感受。对于穿黑色衣服的男性，女性通常觉得难以接近。

服装的色彩还会在心理上对我们自身产生很大的影响。与白色相比，黑色在心理效应上具有约 2 倍以上的沉重感。

黑色的服装会让身体感觉沉重，动作变得迟缓，甚至影响工作效率。另外，黑色无法表达情感，还会使我们头脑僵化，变得更加固执，缺乏变通性，拒绝接收周围传递的信息。

彩色的服装则与黑色截然相反，能让身体感觉更轻盈，头脑愈清晰。彩色服装能提高积极性，让我们主动思考开发新菜品，寻找灵感，研究提升服务品质的方法等，享受思考的乐趣。

如此一来，店铺的品位也会随之提升。例如，尝试用花朵装饰店铺，观察器皿与料理是否匹配，研究坐垫的色彩或花纹、门帘、制服、厨房、洗手间的小饰品等，**产生提高店铺品位的想法**。

此外，**若我们自身的穿搭色彩不同寻常、时尚得体，那么我们的店铺也会给人留下极受欢迎的印象**。

要打造人气店铺，我们必须转变自己的思维方式。如果沉浸在对比生意惨淡的店铺时所产生的优越感中，或只盯着高人气店铺的"味道不怎么样"等不足之处会很难吸引顾客。

想为店铺聚集人气，我们首先要直面自我，从自身开始转变。

作为改变自我的方法之一，我们可以先尝试**改变服装，选择轻松明快的色彩**。不妨挑战一下明艳鲜亮的色彩。

要找到适合自己的色彩，我们应尽量避免单独出去买衣服。男性应让妻子、女朋友、女性朋友陪同挑选。在不得已单独出门的情况下，应请女性店员帮助挑选合适的色彩。

此时，请务必告知店员自己希望塑造的理想形象。

不必从流行色或材质中挑选，尝试自己喜欢的色彩，让店员告诉自己哪些色彩具有**"看起来更年轻""感觉很精神""气色看起来不错""感觉很有活力"**的效果即可。

了解我们希望留下的印象后，店员便可按其专业眼光为我们选择合适色彩。而那就是属于自己的个性化色彩。

当然，若想详细了解适合自己的色彩，我们还需咨询专业的色彩分析师。

勇敢穿着适合自己的色彩，想必也能为店铺增加更多的女性粉丝吧。

后记

感谢您读到最后。

获得出版本书的机会时，我感到非常开心，并暗下决心："要利用这个机会告诉大家色彩的作用，支持餐饮店的发展。"

数年前，我老家经营的烤肉店陷入随时可能倒闭的困境中。改成牛肠火锅店后一直持续开业至今，虽然一路还算顺利，但我时常抱有危机感，担心某天再次陷入经营惨淡的窘境。

不过，与当年相比，我们在心态上发生了很大的改变。当没有顾客光顾而感到"闲暇"时，我们不再消极面对，而是从积极的角度来思考。

当时，面对人气萧条的局面，母亲总是焦躁不安，完全丧失了干劲，而现在，母亲能从"顾客们最近工作很忙吧""说不定正在找咱们店呢"的角度思考，耐心等待顾客临门。

而且，我们有效利用空闲时间，如用花朵装饰店门口或店内，更新 POP 菜单，改善料理盛盘效果，从外出就餐时的其他店铺汲取优点等，努力改善服务质量，提高顾客的满意度。这种心态的转变对店铺经营者而言至关重要。

175

学习色彩知识或许很难。比起生搬硬套，大家应学会感受色彩带来的乐趣。若能体会到色彩的乐趣，必然也能向顾客传达。

　　我希望通过本书传达"感受色彩的乐趣""利用色彩提高顾客满意度""通过色彩取悦顾客"的主旨。

　　最后，在本书出版之际，特向发掘笔者的同文馆出版社商业书编辑部的古市主编、津川先生表示由衷的感谢。

　　向一直以来支持我的各位表示由衷的感谢。

　　真心希望本书能为经营餐饮店的诸位献上绵薄之力。

2013 年 8 月

池田早苗

"服务的细节" 系列

《卖得好的陈列》：日本"卖场设计第一人"永岛幸夫
定价：26.00 元

《为何顾客会在店里生气》：家电卖场销售人员必读
定价：26.00 元

《完全餐饮店》：一本旨在长期适用的餐饮店经营实务书
定价：32.00 元

《完全商品陈列 115 例》：畅销的陈列就是将消费心理可视化
定价：30.00 元

《让顾客爱上店铺 1——东急手创馆》：零售业的非一般热销秘诀
定价：29.00 元

《如何让顾客的不满产生利润》：重印 25 次之多的服务学经典著作
定价：29.00 元

《新川服务圣经——餐饮店员工必学的 52 条待客之道》：日本"服务之神"新川义弘亲授服务论
定价：23.00 元

《让顾客爱上店铺 2——三宅一生》：日本最著名奢侈品品牌、时尚设计与商业活动完美平衡的典范
定价：28.00 元

《摸过顾客的脚才能卖对鞋》：你所不知道的服务技巧，鞋子卖场销售的第一本书
定价：22.00元

《繁荣店的问卷调查术》：成就服务业旺铺的问卷调查术
定价：26.00元

《菜鸟餐饮店30天繁荣记》：帮助无数经营不善的店铺起死回生的日本餐饮第一顾问
定价：28.00元

《最勾引顾客的招牌》：成功的招牌是最好的营销，好招牌分分钟替你召顾客！
定价：36.00元

《会切西红柿，就能做餐饮》：没有比餐饮更好做的卖卖！饭店经营的"用户体验学"。
定价：28.00元

《制造型零售业——7-ELEVEn的服务升级》：看日本人如何将美国人经营破产的便利店打造为全球连锁便利店NO.1！
定价：38.00元

《店铺防盗》：7大步骤消灭外盗，11种方法杜绝内盗，最强大店铺防盗书！
定价：28.00元

《中小企业自媒体集客术》：教你玩转拉动型销售的7大自媒体集客工具，让顾客主动找上门！
定价：36.00元

《敢挑选顾客的店铺才能赚钱》：日本店铺招牌设计第一人亲授打造各行业旺铺的真实成功案例
定价：32.00元

《餐饮店投诉应对术》：日本23家顶级餐饮集团投诉应对标准手册，迄今为止最全面最权威最专业的餐饮业投诉应对书。
定价：28.00元

《大数据时代的社区小店》：大数据的小店实践先驱者、海尔电器的日本教练传授小店经营的数据之道
定价：28.00元

《线下体验店》：日本 "体验式销售法"第一人教你如何赋予O2O最完美的着地！
定价：32.00元

《医患纠纷解决术》：日本医疗服务第一指导书，医院管理层、医疗一线人员必读书！ 医护专业入职必备！
定价：38.00 元

《迪士尼店长心法》：让迪士尼主题乐园里的餐饮店、零售店、酒店的服务成为公认第一的，不是硬件设施，而是店长的思维方式。
定价：28.00 元

《女装经营圣经》：上市一周就登上日本亚马逊畅销榜的女装成功经营学，中文版本终于面世！
定价：36.00 元

《医师接诊艺术》：2 秒速读患者表情，快速建立新赖关系！ 日本国宝级医生日野原重明先生重磅推荐！
定价：36.00 元

《超人气餐饮店促销大全》：图解型最完全实战型促销书，200 个历经检验的餐饮店促销成功案例，全方位深挖能让顾客进店的每一个突破点！
定价：46.80 元

《服务的初心》：服务的对象十人百样，服务的方式千变万化，唯有，初心不改！
定价：39.80 元

《最强导购成交术》：解决导购员最头疼的 55 个问题，快速提升成交率！
定价：36.00 元

《帝国酒店——恰到好处的服务》：日本第一国宾馆的 5 秒钟魅力神话，据说每一位客人都想再来一次！
定价：33.00 元

《餐饮店长如何带队伍》：解决餐饮店长头疼的问题——员工力！ 让团队帮你去赚钱！
定价：36.00 元

《漫画餐饮店经营》：老板、店长、厨师必须直面的 25 个营业额下降、顾客流失的场景
定价：36.00 元

《店铺服务体验师报告》：揭发你习以为常的待客漏洞　深挖你见怪不怪的服务死角　50 个客户极致体验法则
定价：38.00 元

《餐饮店超低风险运营策略》：致餐饮业有志创业者 & 计划扩大规模的经营者 & 与低迷经营苦战的管理者的最强支援书
定价：42.00 元

《零售现场力》：全世界销售额第一名的三越伊势丹董事长经营思想之集大成，不仅仅是零售业，对整个服务业来说，现场力都是第一要素。
定价：38.00 元

《别人家的店为什么卖得好》：畅销商品、人气旺铺的销售秘密到底在哪里？到底应该怎么学？人人都能玩得转的超简明 MBA
定价：38.00 元

《顶级销售员做单训练》：世界超级销售员亲述做单心得，亲手培养出数千名优秀销售员！日文原版自出版后每月加印 3 次，销售人员做单必备。
定价：38.00 元

《店长手绘 POP 引流术》：专治"顾客门前走，就是不进门"，让你顾客盈门、营业额不断上涨的 POP 引流术！
定价：39.80 元

《不懂大数据，怎么做餐饮？》：餐饮店倒闭的最大原因就是"讨厌数据的糊涂账"经营模式。
定价：38.00 元

《零售店长就该这么干》：电商时代的实体店长自我变革。
定价：38.00 元

《生鲜超市工作手册蔬果篇》：海量图解日本生鲜超市先进管理技能

定价：38.00 元

《生鲜超市工作手册肉禽篇》：海量图解日本生鲜超市先进管理技能

定价：38.00 元

《生鲜超市工作手册水产篇》：海量图解日本生鲜超市先进管理技能

定价：38.00 元

《生鲜超市工作手册日配篇》：海量图解日本生鲜超市先进管理技能

定价：38.00 元

《生鲜超市工作手册副食调料篇》：海量图解日本生鲜超市先进管理技能

定价：48.00 元

《生鲜超市工作手册 POP 篇》：海量图解日本生鲜超市先进管理技能

定价：38.00 元

《日本新干线 7 分钟清扫奇迹》：我们的商品不是清扫，而是"旅途的回忆"

定价：39.80 元

《像顾客一样思考》：不懂你，又怎样搞定你？

定价：38.00 元

《好服务是设计出来的》：设计，是
对服务的思考
定价：38.00 元

《让头回客成为回头客》：回头客才
是企业持续盈利的基石
定价：38.00 元

《餐饮连锁这样做》：日本餐饮连锁
店经营指导第一人
定价：39.00 元

《养老院长的 12 堂管理辅导课》：
90%的养老院长管理烦恼在这里都能
找到答案
定价：39.80 元

《大数据时代的医疗革命》：不放过
每一个数据，不轻视每一个偶然
定价：38.00 元

《如何战胜竞争店》：在众多同类型
店铺中脱颖而出
定价：38.00 元

《这样打造一流卖场》：能让顾客快
乐购物的才是一流卖场
定价：38.00 元

《店长促销烦恼急救箱》：经营者、
店长、店员都必读的"经营学问书"
定价：38.00 元

《餐饮店爆品打造与集客法则》：迅速提高营业额的"五感菜品"与"集客步骤"
定价：58.00 元

《赚钱美发店的经营学问》：一本书全方位掌握一流美发店经营知识
定价：52.00 元

《新零售全渠道战略》：让顾客认识到"这家店真好，可以随时随地下单、取货"
定价：48.00 元

《良医有道：成为好医生的 100 个指路牌》：做医生，走经由"救治和帮助别人而使自己圆满"的道路
定价：58.00 元

《口腔诊所经营 88 法则》：引领数百家口腔诊所走向成功的日本口腔经营之神的策略
定价：45.00 元

《来自 2 万名店长的餐饮投诉应对术》：如何搞定世界上最挑剔的顾客
定价：48.00 元

《超市经营数据分析、管理指南》：来自日本的超市精细化管理实操读本
定价：60.00 元

《超市管理者现场工作指南》：来自日本的超市精细化管理实操读本
定价：60.00 元

《超市投诉现场应对指南》： 来自日
本的超市精细化管理实操读本
定价： 60.00 元

《超市现场陈列与展示指南》
定价： 60.00 元

《向日本超市店长学习合法经营
之道》
定价： 78.00 元

《让食品网店销售额增加 10 倍的
技巧》
定价： 68.00 元

《让顾客不请自来！ 卖场打造 84
法则》
定价： 68.00 元

《有趣就畅销！ 商品陈列 99 法则》
定价： 68.00 元

《成为区域旺店第一步——竞争店
调查》
定价： 68.00 元

《餐饮店如何打造获利菜单》
定价： 68.00 元

《日本家具 & 家居零售巨头 NITORI 的成功五原则》
定价： 58.00 元

《咖啡店卖的并不是咖啡》
定价： 68.00 元

《革新餐饮业态： 胡椒厨房创始人的突破之道》
定价： 58.00 元

《餐饮店简单改换门面， 就能增加新顾客》
定价： 68.00 元

《让 POP 会讲故事， 商品就能卖得好》
定价： 68.00 元

《经营自有品牌： 来自欧美市场的实践与调查》
定价： 78.00 元

《卖场数据化经营》
定价： 58.00 元

《超市店长工作术》
定价： 58.00 元

《习惯购买的力量》

定价：68.00 元

《7-ELEVEn 的订货力》

定价：58.00 元

《与零售巨头亚马逊共生》

定价：58.00 元

《下一代零售连锁的 7 个经营思路》

定价：68.00 元

《唤起感动：丽思卡尔顿酒店"不可思议"的服务》

定价：58.00 元

《7-ELEVEn 物流秘籍》

定价：68.00 元

《价格坚挺，精品超市的经营秘诀》

定价：58.00 元

《超市转型：做顾客的饮食生活规划师》

定价：68.00 元

《连锁店商品开发》
定价： 68.00 元

《顾客爱吃才畅销》
定价： 58.00 元

《便利店差异化经营——罗森》
定价： 68.00 元

更多本系列精品图书，敬请期待！